夢をかなえるレッスン

新しい自分をみつける52の方法

杉原厚吉　山田健司＝著

Sugihara Kokichi / Yamada Kenji

水曜社

本文挿画・杉原厚吉

はじめに

この本は、夢をもちたいけど、どうすればもてるのかわからないという人のために、夢をもつことのできる心の姿勢を育てるお手伝いをしようとするものです。

人生は夢をもって生きるべきだとか、夢があってこそ人生が楽しくなるという具合に、夢をもつことをすすめる言葉は、よく耳にします。確かに、自分の人生を賭けることのできる夢をもち、その夢の実現に向かってまっしぐらに走るという人生を送ることができたら、すばらしいでしょう。

でも、そのような夢を見つけることは、そんなに簡単ではありません。なぜなら、こんな夢はどうですかと、周りからメニューを渡されて、その中からどれかを選んでも、それはあなたにとっての本当の夢とは限らないからです。あなたが自力で見つけ、これなら情熱を傾けられるという気持ちとエネルギーが、あなたの心の中から熱く湧き上がってくるものでなければ、あなたにとっての本物の夢ではないでしょう。

ですから、本物の夢を見出すためには、あなた自身が自分から体を動かして体験し、感じ、考え、探さなければなりません。それを助けるために、この本では、ふだんの生活の中でその気にさえなればできることをいろいろ取り上げ、実際にやってみるという機会を、「夢をかなえるレッスン」の課題としてお届けしたいと思っています。

この本ですすめるレッスン課題は大げさなものではありません。身近なところで、ちょっとだけその気になりさえすればやってみることのできることがらばかりです。それを、週1回のペースを想定して集めてあります。ですから、軽い気持ちでまずレッスン課題を読み、たまたまその気になったら、その週のレッスン課題をやってみるという程度に付き合っていただければよいのです。

気楽に、気ままに、気が向いたときだけ、そっと付き合ってみてください。

本書のきっかけとなった「夢レッスン」のコンセプトは、「夢工学」との出会いから生まれました。「夢工学」とは、夢の実現方法を技術として確立することを目指して川勝良昭氏（現新潟県立大学客員教授）が提唱されたもので、これに賛同する有志が集まって「夢工学研究会」をつくり、その下部組織である「夢教育分科会」で、どうやったら夢をもつことができるかを議論してきました。メンバーは十数名でした。「夢レッスン」というネーミングもその議論の中で生まれました。この分科会で熱く議論をしていただいた方々、およびその素材を本書の形にまとめるに当たって多くのアイデアをいただいた名倉早苗氏、真木睦男氏、仙道弘生氏に、心から感謝の意を表します。

目次

第1章 環境を変えてみる

第2章 形にしてみる

第5章　気楽にトライする

第6章　自らを活性化させる

1st week ▸▸ 8th week

第1章 環境を変えてみる

1st week

ふだんとは違った帰り道を選んで帰ってみましょう

たとえばあなたが、毎日、最寄りの駅から電車やバスに乗って通勤または通学しているとしましょう。その場合には、たいてい同じ道を通って駅まで行き、またその道を逆に通って家へ帰っているのではないでしょうか。あるいは、行きはもっとも短い道を選び、帰りは買い物などに便利な道を選ぶというように、行きと帰りは違う道かもしれません。でもおそらく、特に理由がない限り、毎日同じ道を通っているのではありませんか。

理由がなくても、ふだんとは少し違った道を選んで帰ってみましょうというのが今週の課題です。これはおそらく遠回りの道を通ることになるでしょ

う。そんなことはバカバカしいなどと言わないで、一度やってみてください。
違った道を通るということは、新しい経験をしてみるということです。急がないで、ゆったりとした気持ちでゆっくり歩きましょう。そして、周りに何があるかをよく観察してみましょう。

新しく開店した店が見つかるかもしれません。それがパン屋さんだったら、試しにパンを買ってみたくなるかもしれません。それがレストランだったら、いつか入ってみようという気になるかもしれません。

季節の花が咲き、その香りが漂う庭の前を通るかもしれません。そうしたら、毎日の忙しさに追われて忘れていた季節の変化を再認識できるかもしれません。自分の庭にもその花を植えてみようという気になるかもしれません。

一週間、毎日、違った道を選んでみれば、あなたの住んでいるまちの新しい姿を見つけることができるかもしれません。そして同時に、自分の生活環境が広がるのではないでしょうか。

ふだんの生活の中で習慣的なパターンになってしまっている自分の行動を、こんな風に少し変えてみるだけでも、今まで気づかなかった、あるいは忘れかけていた周りの世界のいろいろな姿に触れることができ、生活に変化が得られます。帰り道の選び方に限らず、ふだんの生活のパターンを少し変えてみるということを、どんどんやってみてはいかがでしょうか。

2nd week
美術館をふらっと訪れて無心で作品を眺めてみましょう

日本中に美術館はたくさんあります。あなたの住んでいるまちにもきっとあるでしょう。また、美術館以外にも、公民館や、デパートの特設会場、レンタルギャラリーなどでも、美術展をよくやっています。そんな美術館や美術展会場を見つけたら、どんな作者のどんな作品が展示されているのかなどの予備知識をなるべくもたないようにして、ともかく中へ入り、作品の前に立ってみましょうというのが今週のレッスン課題です。

会場の入り口や入場券には、それが、美術館などの常設展か、あるいは期間を限った特設展かの区別や、特設展ならどんな特設展かが説明してあるでしょう。今回は、なるべくそれも見ないようにしましょう。

中に入ると、まず最初に、その美術展の説明や、作者の説明があるかもしれません。それも今回は読まないようにしましょう。説明はすべて素通りして、まっすぐ作品へ進み、その前に立つのです。作品のそばには、その作品のタイトル、作者名、制作年などを書いたプレートが展示してあります。ふだん、あなたが作品を鑑賞するときには、作品自身を見ると同時に、そのようなプレートにも目を移し、タイトルや作者を確認するのではないでしょうか。しかし今回は、それもやめてみましょう。作品以外の説明はすべて無視し、作品だけを眺めてみましょう。

作者やタイトルを知らないで作品を眺めることは、ひょっとすると少し不安を覚えるかもしれません。今週のレッスン課題では、そのような不安も味わってみようというわけです。すなわち、作品以外のいっさいの手がかりをなくした環境で、あなたがひとりぼっちになって作品と対峙し、作品自身が

あなたに何を語りかけてくるかにじっと耳を傾けてみましょう。

もし何も語りかけてこなかったら、自分の美的鑑賞力がないことがわかってしまうのではないか、などという心配は無用です。作品の前に立って静かに眺めても、何も語りかけてこなかったら、その作品はあなたにとってそれだけのものなのです。その場合には次の作品に進みましょう。そして、同じようにその作品に耳をすましてみましょう。

会場全体の中で、一つでもあなたに

何かを語りかける作品があれば、それで満足しましょう。そのとき、あなたは、評論家などの解説の助けを借りることなく、あなた自身の力で作品を味わうことができたのですから。

　もし、全展示作品のどれもあなたに語りかけてこなかったとしても、失望することはありません。その美術展が、あなたに合わなかっただけのことです。作品に共感できたかどうかが問題なのではありません。他人の説明に頼ることなく自分自身の五感だけで作品を味わう姿勢を体験したことが、今週のレッスン課題をこなしたことなのです。

3rd week 自分の方から積極的に感動をみつける努力をしてみましょう

感動は、こちらが用意しなくても向こうからやってくる、だから気まぐれにしかやってこない、と私たちは思っているのではないでしょうか。確かに、多くの感動は、突然、予告なく現れます。

でも、感動できそうと思って、期待しながら何かを見たり聞いたりすることもあるのではないでしょうか。たとえば、「あなたもきっと感動するでしょう」という広告につられて映画館へ入ったり、「本邦初公開」という宣伝につられて美術館へ行ったりなど。

実は、感動したかったら材料は私たちの周りにいっぱいあふれていると私は思っています。特に自分の仕事の一つである講義の準備をするときに、そう思います。

講義の準備をするときには、90分の講義の中で1回ぐらいは聞いている人に感動してもらいたいと思います。でも、自分が感動していない内容を人に話して感動してもらえるはずはありませんから、人を感動させるためには、話す内容についてまず自分自身が感動しなければなりません。

ですから、感動できるポイントを探します。数学の定理、物理の法則、工学の技術や手法などその講義のトピックスに対して、ただその内容を説明できるようになるだけではなくて、なぜそれが面白いのか、それを知ると自分の世界がどう変わるのか、それを知るとどんなよいことがあり、それを知らないとどんな損をするのかなど、「知ってよかった」と自分が思える理由を探します。

そうすると、結構今までわかっていなかったことに気がついて、自分で感動できます。これは要するにこういうことだったのかと腑に落ちるのです。そして、その感動をそのまま講義に取り入れることができます。

講義準備をする機会がもてる人はそんなに多くはないかもしれません。でも、講義準備をきっかけにする必要はありません。名前は聞いているけれど何のことかよくわかっていないことを一つ取り上げて、それを徹底的に理解しようと努力してみるというのはいかがでしょうか。ああ、こういうことだったのかとわかった瞬間に、感動できるかもしれません。

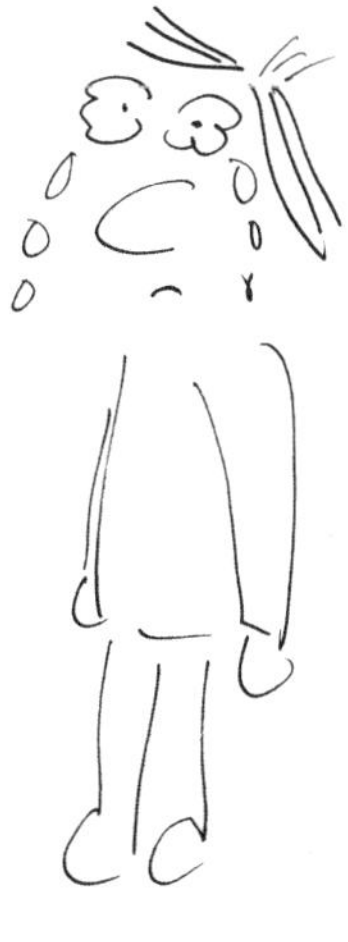

4th week

世の中から隔絶された自分一人の時間をつくってみましょう

私たちは、ふだんは周りの世界と多くの関わりをもって生活しています。そのような関わりを断ち切ってひとりぼっちになることは、そんなにやさしくはありません。

周りに他の人がいない一人だけの状態はつくれますが、テレビやラジオや新聞などのメディアを通して外の世界とつながっていたり、携帯のメールやインターネットなどを通して外の世界とつながったりしていることが多いでしょう。

それらをすべて断ち切って一人だけの時間をつくってみましょうというの

が、今週の課題です。本当は、無人島へでも行って暮らせばよいのでしょうが、そんなことは簡単にはできません。でも、1時間でもよいから、周りとの関係を排除した時間を意識的につくることはできるでしょう。

そのためには本も手にとってはいけません。音楽鑑賞やビデオ鑑賞もだめです。作品を通して、作家や芸術家とつながってしまいますから。

そういうものをすべて排除するということは、時間の過ごし方を助けてくれるものをすべてなくすということを意味します。その結果、もし手持ちぶさたで耐えられないという気持ちになるようなら、あなたは、「世界とつながりたい中毒」です。

何もすることがないと、やるべきなのにまだやっていない気の向かないことやいやなことを思い出して、気分が暗くなるかもしれません。もしそうなら、あなたは、ふだん、読書や音楽鑑賞によって、それらのことから逃げているのかもしれません。いい機会だから、逃げないで根本的な解決の道を探してみてはいかがでしょうか。

もう少し気持ちに余裕があるのなら、自分の生活を見なおす機会にしてもよいでしょう。やるべきことをちゃんとやっているか、大切なことを後回しにしていないか、自分の人生をこのまま進んで行ってよいのかなどです。

もっと余裕があるなら、何か新しく楽しいことを始められないか考えてみるのはいかがでしょう。周りからやるべきだと言われてやったり、誰かのまねをしてやったりするのではなくて、自分が本当にやりたいことは何なのかを静かに自分の胸に問いかけ、その答えに耳をすましてみるのです。

5th week

早起きして、始発の電車で通勤または通学してみましょう

朝の通勤・通学の時間帯の電車はとても混んでいます。そんな電車に毎日乗っている時間を合計すると、毎月とてもたくさんの時間を電車の中で過ごしていることに気づくでしょう。多くの時間を、混んだ電車の中でじっとして過ごしているわけです。この時間がもっと快適で、有効に使える方法があるなら、そんなうれしいことはないでしょう。

そのような可能性の一つは、思い切って早く起き、ラッシュが始まる前に電車に乗ることです。そこで、どれほど快適で有効に時間が使えるかを体験するために、試しに始発に乗ってみてはいかがでしょうか、というのが今週

のレッスン課題です。

まず、家から駅までの道の姿がいつもとは違うでしょう。まだ、夜明け前の薄暗い時間帯かもしれません。周りにはほとんど人が歩いていないかもしれません。あるいは、コンビニの荷の積み卸しに出会うなど、ふだんは見かけない人の活動を見ることができるかもしれません。ふだんの朝とは違った朝を知ることができるでしょう。

電車の中の姿もふだんのラッシュアワーとは違うでしょう。空いていることが多いでしょう。たぶん座れるでしょう。そしてゆっくり本などを開いて読むことができるでしょう。また、一緒に乗っている周りの乗客もふだんとは違う人が多いことでしょう。行商の荷をもった人、夜勤の勤めから帰る人などかもしれません。あるいは、普通のサラリーマンだけど、ラッシュアワーが嫌いで早めに通勤しているという人もいることと思います。

今週は、そんな人たちの仲間に、あなたも加わってみましょう。眠くて苦

痛の方が大きいかもしれません。でも逆に、生活時間を前にシフトすれば、案外快適に暮らせるかもしれないと思えてくるかもしれません。結果がどうかはやってみなければわかりません。どうせ眠くて私には向かないなどと、やってみないうちから勝手に自分で結論を出さないでください。ともかくやってみてからだで経験することが大事です。新しい可能性は、そのような試行錯誤を繰り返しているうちに見えてくるのではないでしょうか。

6th week

大きな専門店を1軒選んで隅から隅までゆっくり見て回りましょう

大きな専門店というのは、たとえば、日曜大工のための道具や材料を売っている店、文房具・事務用品・工作材料などを売っている店などです。本当に大きな店になると、ビル1棟全体が、一つの専門店になっています。

今週は、特に目的をもたないで、そのような専門店を上から下までゆっくり見て回りましょうというのが課題です。

大きな店といっても、デパートはやめましょう。あそこは、どこに立ち止まっても、すぐに店員さんが寄ってきて、いろいろ話しかけてきますので、自分のペースで見て回ることがむずかしいでしょう。

理想的なのは、セルフサービスを基本としているお店です。そういうところでは、どれほど同じ所に立ち止まって、同じ商品を眺めていても、誰にもじゃまされません。

そのようなお店では、商品が分類されて、カテゴリーごとにそれぞれのフロアーやコーナーが設けてあります。今週は、興味がないと思うところもスキップしないで、とにかくぶらぶら見て回りましょう。

その結果、こんな便利なものがあったのかと感動できるかもしれません。

自分が解決したいと思っていた問題を解くヒントが得られるかもしれません。こんなことに興味をもっている人が世の中にいるのかという新しい発見があるかもしれません。自分でもやってみたいという新しい興味の対象が見つかるかもしれません。誰かにあげたい贈り物が見つかるかもしれません。

もし、何も見つからなかったとしても、がっかりするのはよしましょう。目的なしでぶらぶら見るだけですから、何も感動できることに出会わない方が普通かもしれません。

7th week あなたのまちの大きな本屋さんへ行って、たっぷり時間を使って、いろいろなコーナーをじっくり見てみましょう

たとえば東京には、ビル全体が本屋さんという超大型書店がいくつかあります。地方のまちにも、それほどではないにしても、比較的大きな書店があると思います。今週は、そのような書店の中をゆっくり散歩しながら、特に目的をもたずに、書棚に並んだ本のタイトルを一つひとつみてみましょうというわけです。この場合には、できるだけふだんは見ないコーナーを見てみることをおすすめします。

書店の棚は、多くのコーナーに分かれています。フィクション、エッセイ、ビジネス、趣味、実用などの分野によって分類してあるところもあります。

また、新書、文庫、雑誌などのように、本の大きさや形によって分類してあるところもあります。もしあなたがふだんはフィクションの棚をよく見るのなら、フィクション以外の棚を、ビジネスの棚をよく見るのなら、ビジネス以外の棚を、というように、ふだんは見ないコーナーを選んで、本のタイトルを一冊一冊じっくり見てみましょう。

なるべく目的をもたないで見る努力をしてみてください。もし前から買いたい本があるなら、それはさっさと買ってしまって、それとは別のコーナーへ早く移りましょう。

本屋さんの本は、世の中の動きをよく反映しています。多くの人が関心をもつ現在の流行や、一部のマニアックな人に好かれていることがらなどが、そのまま並んでいます。ですから、本屋さんの本をじっくり眺めることは、世の中の動きをじっくり眺めることにもつながります。そして、それによって、あなたの心が何か刺激を受け、新しい行動の芽が見つかるかもしれません。

料理のコーナーで蕎麦の打ち方の本を手に取ってみて、自分でも蕎麦を打ってみようかなと思うかもしれません。趣味のコーナーで釣りの本を手に取ってみて、自分でも釣りをやってみようかなと思うかもしれません。ベストセラーのコーナーを見て、自分でも冒険ロマン小説を書いてみようかなと思うかもしれません。

何でもいいのです。こんな風に、もしそこで自分でも何かしてみたいという気持ちになるなど、思いがけない発見があれば大成功です。

8th week

動物園の中を一人でゆっくり回ってみましょう

子どものときに動物園に行ったことのない人はまずいないと思います。でも、大人になってからは、子どもを連れて行く場合は別として、一人で、自分のために動物園を訪れるということはあまりないのではないでしょうか。

今週は、どこかで時間をつくって、一人だけでふらっと動物園を訪れて、そこでゆっくり時間を過ごしてみましょうというわけです。そして、ふだんはよく観察することなどない動物たちの様子を無心に見てみましょう。

珍しい動物やかわいい動物がいて、人がたくさん集まっている檻は、今週は避けましょう。あまり人がいない目立たない檻の前で、中の動物をゆっく

り見てみましょう。

一対一で、にらめっこができるかもしれません。

じっと動かないように見える動物も、長い間見ていると、意外に動いていることがわかるかもしれません。

ふだんは忘れていた動物の匂いに触れ、子どものときの田舎のことを思い出すかもしれません。

何もすることがなくて、のんびりしている動物がうらやましくなるかもしれません。

逆に、やることがあって、いつも忙

しくしている自分が、幸せに思えてくるかもしれません。

動物園なんて行かなくったってわかっていると思うかもしれませんが、ひょっとすると実際に行ってみなければわからない新しい発見ができるかもしれません。

9th week ▸▸ 16th week

第2章

形にしてみる

9th week

あなた自身のレターヘッドをつくってみましょう

レターヘッドとは、手紙の最初の部分、すなわち書き手に関する情報をまとめた部分のことですが、ここでは、あなた専用の便せんと考えてください。

あなたが会社に勤めていらっしゃるなら、仕事では、その会社のレターヘッドを使って、手紙を書いていることでしょう。そこには、会社名、住所、電話番号などが記されてあるとともに、会社のロゴなども入っているのではないでしょうか。その手紙を見た人が「あっ、あの会社から来た手紙だ」と一目でわかるような特徴をもつように、そのレターヘッドは工夫されていることでしょう。

それと同じように、あなたからの手紙だということが一目でわかり、さらにあなたらしさをよく表すようなレターヘッドをデザインしてみましょうというのが、今週のレッスン課題です。プライベートに使う便せんですから、形式にこだわる必要はありません。思いっきり楽しく、すてきなものをつくってみてください。

そのためには、コンピュータのワープロを使ってつくるのが簡単でしょう。まずは、住所、氏名、電話番号、電子メールアドレスなどの基本的な情報を配置します。次に、あなたらしさを表すように、絵などを自由に貼り付けていくわけです。あなたが音楽が好きなら、好きな楽器の絵をクリップ

アートから探し出して貼りつけてみてはいかがでしょうか。料理が得意なら、すてきな料理の絵を、山歩きが好きなら山の絵を、ヨガに凝っているならヨガ体操の絵を、育児に頑張っているならあかちゃんを抱いた絵を、などです。

一度つくって、コンピュータのファイルとしてとっておけば、それを読み出して何度でも使えます。そうなると、手紙を出すことが楽しくなって、今までよりお友達との交流が深まるかもしれません。長い間連絡を取っていなかった古い友人にも手紙を書いてみようという気になるかもしれません。

それ以前に、自分を表現するための工夫をすること自身を楽しめるかもしれません。自分のどんなところをアピールしたいのか、そのためにはどんなデザインが適しているのかなどの努力を通して、自分を見つめ直したり、忘れかけていたあなた自身の芸術センスを呼び覚ましたりしなければならないかもしれません。とにかく、受け身ではなくて、自分自身の力で何かをつくってみること、それがレッスン課題なのです。

10th week 自分だけの卓上カレンダーをつくってみましょう

カレンダーは、1年にわたって壁に掛けたり机の上に置いたりして使いますから、生活に非常に密着しているものです。それを、もらったり買ったりしたものの中から選ぶのではなくて、自分でつくってみましょうというのが今週のレッスン課題です。

ワープロを使えば、月ごとの日にちを曜日の順に並べてカレンダーの基本部分を簡単につくれます。それにたっぷりの余白をもうけて、そこに好きな写真や絵などを配置すれば、カレンダーが完成します。

この写真や絵の配置作業は、あなたがコンピュータが得意ならコンピュー

タで行うことができますが、そうでなくても日にちの部分を印刷した紙の余白に、直接描き込んだり、貼り込んだりするので十分です。何しろ、自分だけのカレンダーを1組だけつくろうとしているのですから。

たとえば、あなたが写真を撮ることが好きで、1年を通していろいろな写真を撮っているのでしたら、その中から、それぞれの季節にあった12枚を選ぶことは簡単にできるでしょう。

旅行が好きで、旅先での写真がたくさんたまっているのでしたら、あなた自身の旅シリーズのカレンダーもつくれます。子どもの写真がたくさんたまっているのでしたら、子どもの成長記録カレンダーもつくれます。

もちろん、絵やスケッチが好きならそれを使えます。書道が趣味ならその作品を並べることもできます。

できあがったら、もちろんあなたの机の上に立てて、1年間使いましょう。世界中にたった一つしかない手づくりグッズを使うことのできる贅沢を、1年を通して、たっぷりたっぷり味わうことができることでしょう。

11th week

あなたのこれから死ぬまでの年表をつくってみましょう

まず、あなたは何歳まで生きるべきかを決めましょう。そして、あなたが人生の生き方に最も成功した場合を想定して、現在から5年後、10年後、15年後と、5年ごとに、あなたがどうなっているべきかを表に書いてみましょうというのが、今週のレッスン課題です。

この年表は、他人に見せるものではありませんから、大胆に自分の人生を描くとよいでしょう。たった一度しかない自分の人生ですから、遠慮することはありません。

もしこの国の首相になりたかったら、何歳で首相になるかを決めて書き込

みましょう。そして、そこへ行くまでの途中の自分の姿を、年表のそれぞれの時期に埋めていきます。芸術家として活躍したかったら、いつどこにどんな作品を完成させるかを、研究者として生きたかったら、いつ何を発見・発明するかを、会社をつくりたかったら、いつどんな規模にするかなどを書き込んでいきます。

　ここで大切なことは、いつごろ自分がどうなっているかを「予想」するのではなくて、いつごろ自分がどうなりたいかを「決める」ことです。予想しようとすると、ここまでは無理だろうというブレーキがかかってしまいがちです。予想しようとするとき思い浮かぶさまざまな制約は、ここでは無視しましょう。あなたが小説家になったつもりで、あなた自身の今後の人生を、ストーリーとしてつくり上げるのです。

それからもう一つの大切なことは、他力本願のストーリーはつくらないことです。他力本願とは、思いがけない莫大な遺産が入るとか、お金持ちと結婚するとか、宝くじが当たるとかという、自分の努力とは無関係なことがらに人生の転機を託すことです。そうではなくて、自分の努力で人生をつくり上げるストーリーをつくりましょう。

やってみるとわかりますが、これはかなり残酷な作業です。自分の将来についてはっきりとは決めないで毎日を送っていると、そのうち何かが起こるかもしれないという漠然とした期待がもてます。一方、1度しかない人生のストーリーを決めようとすると、ストーリーを一つだけに絞らなければなりませんから、可能性は狭まります。人生が短いということもいっそう実感できるでしょう。

でも、このように自分の一生を眺めてみることは、いくつかの効果もあります。まず、今という日常を、より大切にしたいと思うようになるのではないでしょうか。何かをやろうかどうしようかと迷うときには、恥を恐れずやってみようと決断する方向に、より心が向くようになるのではないでしょうか。いろいろな機会を逃さないようにしようという気持ちも強くなるかもしれません。そのような方向に少しでも心の姿勢が向くなら、それが今週のレッスンの効果です。

12th week

関係のなさそうなものを二つ組み合わせて、何か新しいことや新しいものができないか考えてみましょう

新しいものを思いつくきっかけは、すでにあるものを別の見方でとらえることができたときとか、すでにある複数のものを新しい方法で組み合わせることができたときが多いと思います。

そこで、何か新しいものを自然に思いつくのを待っているのではなくて、二つのものを無理矢理でも組み合わせる努力をして、新しいものを思いつく機会を積極的につくってみましょうというのが、今週の課題です。

たとえば、今、私の目の前には、コンピュータがあります。また、横にはうちわが転がっています。これを組み合わせて、うちわ付きコンピュータと

するのは短絡的過ぎます。でも、うちわは風を起こすものと思い直して、扇風機付きコンピュータというのはいかがでしょうか。コンピュータの中には、回路を冷やすためのファンがついていますから、その風を使えばいいでしょう。でも、回路を冷やした風はなま暖かいから、扇風機にはなりません。だったら、暖房用の風が出るコンピュータにすればよいかも……。

というような具合です。右の例は駄作ですが、こんな風に関係のなさそうな二つのものを無理矢理くっつける努力をしてみてはいかがでしょうというのが今週の提案です。はじめは全く関係なさそうに見えても、意外と組み合わせられるものです。

「頭を柔らかくする数学パズル」とか言ううたい文句につられてパズルの本を買ってきて解くよりは、身の周りのもの二つを組み合わせるという今週の「パズル」の方が、答えがあらかじめ与えられているわけではないという意味で、よりスリリングで、より楽しめるものだと思います。

13th week あなた自身のシンボルマークをつくりましょう

シンボルマークとは、個人や団体やイベントなどを端的に表すために名称の代わりに使うマークです。特に、名前の文字をデザイン化したシンボルマークはロゴと呼ばれますし、生き物をデザイン化したシンボルマークはシンボルキャラクターと呼ばれることもあります。ロゴでも、シンボルキャラクターでも、あるいはそれ以外のマークでもかまいませんから、あなた自身を表現するシンボルマークをつくっておきましょうというのが、今週のレッスン課題です。

シンボルマークが決まっていれば、それをいろいろなところに使うことができます。プライベートな名刺に刷り込んだり、そのシンボルマークを使った自分用の便せんや封筒を印刷屋さんへ特注することもできます。特注の印刷は大げさすぎるという場合には、シンボルマークをシールに印刷しておくと便利です。そのシールを好きなところに貼って使うことができます。たとえば、自分の手帳やノートや携帯電話などの持ち物につけたらいかがでしょうか。

さて、そのようなシンボルマークをつくるためにはどうしたらよいでしょうか。まずは、他の人や団体のシンボルマークをよく観察してみましょう。文字をデザイン化したロゴは、私たちの身の周りにたくさんあります。また、テーマパークや大きなイベントには、シンボルキャラクターが使われています。自分でも何かつくってみたいと思ってそれらのロゴやシンボルキャラクターを見ていると、何かよいヒントが見つかるかもしれません。

あるいは、自分の好きなものをシンボル化するのもよいでしょう。富士山

とか、フクロウとか、オートバイとか、ケーキとか、楽器とか、何でもシンボルマークの素材となるでしょう。また、あなた自身の将来の目標とか、今の気持ちとかを、抽象的な図形で表現するのも面白いかもしれません。

同じシンボルマークを一生使うつもりで、大切につくりましょう。一つの図形であなた自身を表そうとすると、あなたが望んでいるものは何なのか、あなたにとって大切なものは何なのか、あなたにとって人生とは何なのかなど、いろいろなことに思いが広がるはずです。そんな風にいろいろ思いめぐらすこと自体も、この機会に楽しんでください。

シンボルマークが決まったら、それをコンピュータで電子ファイルの形にしておくと便利です。そのコンピュータで自分用の名刺をつくったり、ワープロでお友達に手紙を書いたりするときに、その片隅にシンボルマークを簡単に挿入することができるからです。また、つくったシンボルマークには、色を付けたくなると思いますが、カラー版とモノクロ版の両方を用意するとよいでしょう。そうすれば、カラーが使えない場面でも利用することができます。

14th week あなただけの秘密の記念日をつくりましょう

日本には、たくさんの祝日があります。緑の日とか、子どもの日とか、海の日とか、文化の日とかです。これらは、国民全体の記念日と言ってよいでしょう。また、誕生日や結婚記念日など、個人でも記念日がいろいろあります。でも、それらは他の人も知っている記念日でしょう。今週のレッスン課題は、それらとは違って、他の人が知らない自分だけの記念日をつくって、その記念日に自分だけの秘密の名前を付けましょうというものです。

たとえば、あなたが恋をしているとしましょう。でも、その相手があなたのことを恋愛の対象とは見てくれなくて、あなただけの一方的な片思いの恋だとしましょう。そんなとき、その恋心を初めて抱いた日を思い出して、その日をあなたの秘密の記念日にしたらいかがでしょうか。その記念日にどんな名前を付けるかは、あなたの自由です。

あるいは、あなたがテニスサークルに属していて、どうしても勝てない先輩がいるとしましょう。その先輩との試合で、今まで一番高いスコアの取れた日を思い出して、その日をあなたの秘密の記念日にすることもできます。この場合には、将来、もっと高いスコアがとれたら、記念日をその日に取り替えるのがいいでしょう。

他にも、勉強の中で何度考えてもわからなかったことが突然わかった日、すてきな詩に出会った日、映画を観て感動した日、誰かに親切にしてあげて気持ちよかった日、勇気を出して何かをやってみた日など、記念日にできそうな機会はたくさんあるはずです。

そういえば、歌人の俵万智は、自分の手料理のサラダの味を恋人にほめて

もらった日を「サラダ記念日」と名付け、それを歌集のタイトルにして、それがベストセラーになりました。これなんかも、典型的な個人的記念日です。

　何かよいことがあった日だけが、記念日になるわけではありません。失恋記念日、失敗記念日、恥かき記念日、失望記念日、絶望記念日なども、立派な記念日です。人に知らせるわけではなく、自分だけの秘密の記念日ですから、そういう記念日でも恥ずかしがることはありません。

　いいことでも、悪いことでも、あな

たの人生にとって重要な意味をもつと思う日を記念日にしてみましょう。このように、あなた自身の生活の中で何か節目になると思われる出来事に名前を付けて記念日として眺めてみると、いろいろなことを考えるきっかけになるのではないでしょうか。

あなたの経験はあなただけのものであること、だからあなたは、他の人とは同じではない特別の人生を歩んでいること、そして、その記念日によって、あなたの人生は今まで以上にあなただけの特別のものになったことなど。

15th week

漫画風の顔が描けるように練習してみましょう

プロの描くようなうまい漫画である必要はありません。つたなくてかまいません。他人のまねではなくて、「自分が描く顔」というパターンを少なくとも一つつくっておきましょうというのが、今週のレッスン課題です。少し欲を言うなら、男性の顔と女性の顔の二つが描けるとなおよいでしょう。

私たちが何か意志を伝えたいときに、文字を使うと、理性というクッションを通して相手に訴えかけることになります。一方、絵を使うと、視覚からより直接的に相手の感性に訴えかけることができます。ですから、絵が描けると、言いたいことをより効果的に言えるようになります。

短時間で描ける絵、それが漫画です。ですから、漫画が描けるようになっていると、それを使って自分の意志を効果的に伝えることができます。

私自身の場合には、大学での講義で大切なポイントを強調したいときに黒板に描いたり、講演のスライドに入れたり、各種の提案書に挿入したりすることができて、漫画はとても便利だと感じています。

漫画なんてとてもとてもという方は、たとえば、手塚治虫著『マンガの描き方』(光文社)などをご覧になってみるとよいと思います。下手でかまわないと開き直ることさえできれば、意外と簡単に描けるものだということが発見できるでしょう。

16th week

今までやろうとしたことで最後までできなくて途中で放り出してしまっていることをリストアップしてみましょう

私たちには、やりたいことがいろいろあります。でも、いつもうまくできるとは限りません。というより、うまくできないことの方が多いでしょう。そのようにうまくできなかったために、途中で中断してしまっていることがらをできるだけたくさん思い出してみましょうというのが、今週のレッスン課題です。

たくさんありすぎてきりがないという人は、とりあえず、最近の半年とか1年とかに限ってリストアップするだけでもよいと思います。

リストアップしたら、それを眺めてみましょう。そして、どうして途中で放り出したのかを思い出してみましょう。

時間がなかったから、できないと思ったから、他にもっと重要なことが生じたから、失敗だと感じたから、他の人に先を越されたから、もう少し準備をしなおしてから改めてやろうと思ったからなど、いろいろな場合があるでしょう。

眺めているうちに、ひょっとしたら、今ならできるかもしれないと感じるものや、もう一度やり直してみようという気になるものが、見つかるかもしれません。

見つかったら、しめたものです。是非、それに再挑戦しましょう。

見つからなかったら、今回は眺めるだけにしましょう。ただし、そのリストは捨てないでとっておきましょう。そして、これからも時々眺めてみましょう。そのうち、何か感じるようになるかもしれません。

17th week ▸▸ 23rd week

第3章

想像してみる

17th week

あなたが自分の別荘をつくるとしたら、どこにどんな別荘をつくりたいかを具体的に考えてみましょう

別荘というのは、ふだん生活する家とは別のもう一つのあなたの家です。週末や休暇などに、ふだんの生活から離れて、からだと心をリフレッシュしたり、集中して何かに打ち込んだりするために使えます。ですから、ふだんのあなたの生活にとらわれないで、思いっきり自由に考えてみましょう。

ひょっとして、「私に別荘なんてとんでもない、そんなものは単なる空想であって考えるだけ無駄だ」などという気持ちがよぎったら、まず、その気持ちを振り払う努力をしてください。人生において何かを望んでも、簡単には手に入らないのが普通です。望んでもそうなのですから、そもそも望まな

かったら、絶対に手に入ることはありません。ですから、現在の自分の収入とか、立場とかの制約はすべて忘れて、自分が真に望むものは何なのかを、無心になって自分の心に問いかけてみましょう。

まずは、場所を決めましょう。毎週、週末に使いたいのなら、そんなに遠くではない方がよいでしょう。車や電車や飛行機で数時間以内に行けるところがよいでしょう。海岸の近く、湖の畔、高原、山の麓、森の中などいろいろあるでしょう。伊豆諸島だって飛行場のある島もあります。

毎年夏に長期休暇を取って利用したいというのなら、思い切って遠くもいいでしょう。世界地図を開いて、好きな場所を選びましょう。ハワイ、モルディブ、地中海、北欧、ヒマラヤ、アマゾンなど、ふだんの生活環境とは全く異なるところがいくらでもあります。

場所が決まったら、次に、そこにどんな別荘を建てるかを設計しましょう。どんな部屋がほしいですか。油絵を描くためのアトリエ、楽器を演奏するための音楽室、本を書くための資料室と書斎、ろくろを回したり茶碗を焼いたりするための工房、星を眺めるための天体望遠鏡と天窓付きの天体観測室、それとも昼寝をするための広い和室ですか。

敷地と建物の見取り図も描いてみましょう。敷地は何坪ぐらいほしいですか。車庫にはどんな車が似合っていますか。敷地には何がほしいですか。家庭菜園ですか、プールですか、ゴルフ練習場ですか、乗馬の練習のための馬場ですか、それとも温泉の湧く露天風呂ですか。

　描いた見取り図は大切にとっておきましょう。そして時々は思い出してください。趣味が変わったり、気分が変わったりして、その見取り図を書き換えたくなることもあるでしょう。そうしたら、設計を変更して書き直しましょう。たぶん、初めて描いた見取り図は素朴すぎて使い物にならなかったりすることもあるでしょう。トイレがなかったり、納戸がなかったりしていませんか。時間とともに、改良を加えて、すばらしい見取り図に仕上げていってください。これであなたは、いつか実際に別荘をつくろうとしたとき、あわてないですむでしょう。

18th week

あなたが百億円を自由に使えるようになった場合の使い道を考えておきましょう

百億円は莫大な金額です。これだけのお金を使ってよいと言われて、すぐに使い道を思いつく人は少ないでしょう。でも、どう使ってよいかわからないというのでは、あなたは百億円をもつ価値がないということになってしまいます。それでは寂しいですね。ですから、ここはまじめに、いつ百億円を使えと言われてもあわてないですむように、自分ならこう使うという使い道を決めておこうというわけです。

まとまったお金が自由になるとわかったとき、まず考える使い道は、自分自身または自分の家族やその周辺の身近な人のために使うことでしょう。家

を買い換えたいとか、別荘をもちたいとか、休暇を取って世界一周旅行をしてみたいとか。
でも、そんなことで百億円は使い切れないでしょう。1万坪の土地付きの家を買うと言うなら百億円を使い切れるかもしれませんが、それであなたは、その百億円を有効に使ったと満足できるでしょうか。満足はできないと思います。百億円を無理して使うための安易な方法を考えてみたと言うだけにすぎないのではないでしょうか。もっと有効な使い方を考えてください。

百億円で事業を起こそうと考えるかもしれません。それはなかなかいいアイデアだと思います。事業を起こすことができれば、百億円が元手となって、もっとお金が増えるかもしれませんし、それ以外にも、たくさんの人に雇用の機会を与えることができたり、世の中の人に新しい製品やサービスを提供できたりするでしょうから、大きな社会貢献につながる可能性があります。ただし、百億円でスタートする事業というのは相当大きなものです。十分な準備や調査をしてから始めないと手に負えないでしょう。ですから、どんな事業をどんな風に始めるかをよく考えなければならないでしょう。

そうではなくて、世の中のために役立つように、使途をはっきり指定してどこかに寄付をしたいという考えもあるかもしれません。ホームレスを救いたいとか、苦学生に奨学金を出したいとか、子育てと会社勤めが両立できるよう保育所を充実させるために使いたいとか、難病の治療法を開発する研究に助成したいとか。

ただし、世の中には困っている人はとてもたくさんいますから、何でも助けたいと思っても百億円では全然足りないでしょう。ですからやはり、どこへ助成するのかをよく考えて決めないと、自分にとって有効な使い方を決めたことにはならないと思います。

いずれにしろ、大金を使うということは、大変な労力を要します。そういう大金をもつにふさわしい人間に自分がなれるかどうかを今週はよく考えてみようではありませんか。

19th week

あなたの命が
あと1年しかないとわかったときに
何をするかを決めておきましょう

私たちは、自分の人生がいつ終わるのかを知りません。だから、たいていは、まだまだずっと先まで生きられると漠然と思っていると思います。

でも、ある日、突然、病気が見つかって、あなたの余命はあと1年ですと医者から宣告される可能性がゼロではないでしょう。

もしそんなことが起きたら、私は取り乱して、何をしてよいかわからなくなると思います。そして、取り乱したまま、どうしよう、どうしようと迷うだけで、何もできずに、残りの1年を無駄にしてしまいそうです。

ですから、そうならないように、心の準備をしておけたらいいなと思って

います。

私は、これから考えてみます。皆さんも考えてみてはいかがでしょうか。

余談ですが、最後の1年にやりたいことが決まったら、おそらく、それは最後の1年のためにとっておくのではなくて、今すぐやろうという気持ちになるのではないかと思います。実は、それも期待しているのですが。

20th week

身の周りのことがらで当たり前になっていることを一つ選んで、なぜそうなっているのか、もっとよくなることはないかと考えてみましょう

たとえば、毎日配達されてくる新聞はどうしてあの大きさなのでしょう。もう少し小さければ、朝の通勤電車の中でもっと読みやすいのではないでしょうか。朝のテレビはどのチャンネルもどうしてあんなにけたたましいのでしょうか。もっと静かな方が一日を気持ちよくスタートできるのではないでしょうか。鉛筆はどうしてあの太さなのでしょうか。もっと太い方がもちやすいと私は思うのですが。などです。

私たちは、いつも見慣れていることや、いつも身の周りにあふれていることに対して、いろいろ考えるのが面倒で、そのまま受け入れてしまっている

ことがたくさんあります。でも、それは、誰がどこでどのようにそう決めたのかわからないことが多いし、ましてやそれがそのままでいいというわけではないことが多いと思います。

身の周りのことがらのうちの一つに、どれでもよいから注目して、それがなぜそうなっているのか、そうなっているので本当によいのかと、疑ってみることは、とても大切だと思います。それでは実は不都合なことがある、こんな風に変えればもっとよくなる、自分ならこうする、など、いろいろアイデアがふくらんでいくならしめたものです。そういう場合には、徹底的にアイデアをふくらませてみましょう。

うまくいけば、単なる頭の中のアイデアだけではなくて、こうなったらいい、こうしたいというあなたの気持ちが、いつの間にかあなたの行動に変わっていくかもしれません。そうなれば、今週のレッスン課題は大成功です。

そうでなくても、納得のできないことは納得できない、腑に落ちないことは腑に落ちないと、はっきり意識しましょう。今週はただそのように意識するだけであってもかまいません。いつかそれが芽となって、改良のアイデアや、社会貢献のきっかけや、大発明の元になるかもしれませんから。

21st week
俳句を一句ひねってみましょう

俳句とは、5文字、7文字、5文字を並べたあれです。世界中でもっとも短い定型詩だと言われています。

ほとんどの人は、俳句なんてつくったことはないのではないでしょうか。今週はそれをやってみましょうというわけです。俳句には、季語が入っていなければならないなどのルールがありますが、そんなことは特に気にする必要はありません。

俳句なんて自分には全く関係ないやなどと言わないでください。そう言ってしまったら、おそらく一生を通じて、あなたが俳句をつくる機会はなくなるのではないでしょうか。そんなことを言わないで、一生に一回ぐらいは、俳句というものをつくってみてもいいでしょう。

まずは題材選びです。あなたの身の周りの出来事で、感動したこと、興味をもったこと、面白いと思ったこと、覚えておきたいと思ったことなどを一つ選びましょう。その出来事は、あなたの外で起こったことではなくて、誰かに恋心を抱いたなど、あなた自身の心の中で起こったことでもかまいません。また、必ずしもいいことではなく、失恋したこと、絶望したこと、怒りを覚えたことなどでもいいでしょう。

題材が決まったら、次に、それを文字にしてみましょう。5―7―5が基本ですが、それからはずれて、字余りや字足らずになってもかまいません。また、ちょっとふざけた雰囲気になって、俳句と言うより川柳に近くなってしまったとしても、それでかまいません。また、5―7―5ではどうしても字数が足りなくて言いたいことが言えないという場合には、さらに7―

７の文字を加えて短歌にしてもかまいません。ともかく形にすることが大切です。

　このレッスン課題をこなそうとすると、身の周りの出来事をふだんよりよく観察するようになるかもしれません。ふだんは全く見たことのない新聞の俳句投稿欄とその講評欄を読んでみたりするかもしれません。つくった俳句が気に入って、自分でも新聞の俳句コーナーに投稿してみたり、お友達への手紙の中に付け加えてみたりしたくなるかもしれません。

　そういうことが起こっても起こらなくても、俳句をひねろうと努力する過程で、とにかくふだんとは異なる心の動きに身を任せる経験をしてみることに意味があるのではないでしょうか。

22nd week

何かを達成できたときのための自分へのご褒美を決めておきましょう

何かちょっと大きな仕事を完成させたときの気分は気持ちのいいものです。学生さんなら、レポートを書き上げたとか、1学期間の勉強の甲斐あって単位が取れたとか、また社会人なら、納期に間に合わせて完成品が納入できたとか、新しいアイデアを思いついてその提案書を書き上げたとか、あるいは趣味の世界では、自作の絵や原稿などの作品を完成させたとかというときです。

でも、達成するまではその作業に追われていて、完成したときの楽しみ方をあらかじめ考えておくという余裕はなかなかないのではないでしょうか。

その結果、達成するとぱっと飲みに行くとかいうワンパターンを繰り返しているのではないでしょうか。

何かを達成できたときというのは、人生の中でそんなに多くありません。その貴重な心地よい瞬間を同じパターンで過ごすのではなくて、これが完成したら自分にこんなご褒美をあげようと、いつもとは違った楽しみ方をあらかじめ計画してみましょうというのが、今週のレッスン課題です。

いつもとは違った場所へ飲みに行くでもいいでしょう。ふだんは行けない高級レストランでおいしいものを食べるのもいいでしょう。時計やバッグを買うのもいいでしょう。休暇を取って旅行するのもいいと思います。その他にも、あなただけが思いつく、あなた自身への祝福の表し方はいろいろ考えられるでしょう。

いずれにしろ、あなたが前からやってみたかった贅沢を、これを達成したら実行しようと決めておくのです。

ご褒美が明確にイメージできると、今やっている作業へ一段と身が入るかもしれません。

いつかはやってみたいと漠然と思っているだけでは一生できないことを、ご褒美というきっかけを利用して実行できるかもしれません。

自分にご褒美を与えた結果、次の仕事へ取り組むエネルギーがみなぎるかもしれません。

23rd week

もしあなたが本を書くとしたらどんな本がよいかを考えてみましょう

世の中にはいろいろな本があります。純文学、探偵小説や冒険小説などのエンターテインメント小説、ノンフィクション、エッセイ、紀行、童話、絵本、実用書、自叙伝、学術書などです。

できることなら、多くの人が読みたくなる本がいいでしょう。また、誰にでも書けるものではなくて、あなたにしか書けないものがいいでしょう。

これについては誰にも負けないという趣味などがあれば、その楽しさを人に伝える本がよいかもしれません。書き方によっては、エッセイにもなるし、実用書にもなるでしょう。

子どもが好きで、子どもたちを楽しませたいという人なら、童話や絵本がよいかもしれません。

詩が好きなら詩集、絵が好きなら画集、写真が趣味なら写真集、旅行が好きなら旅行記、お酒が好きならお酒のうんちくの本、温泉が好きなら温泉巡りの本などもよいかもしれません。

病気で苦労した人なら闘病記、仕事で苦労した人ならその体験記、法律や規則が不合理でそのために余計な苦労をさせられたという人なら告発の書などもあるでしょう。

書きたい本が見つかったら、その構想をふくらましてみましょう。タイトルとか、目次とか、表紙のデザインとかを考えてみるのも楽しいかもしれません。

こんなことをいろいろ考えていると、本当に本が書きたくなるかもしれません。もしそうなったら、実際に書いてみましょう。本を一冊書くのは大変

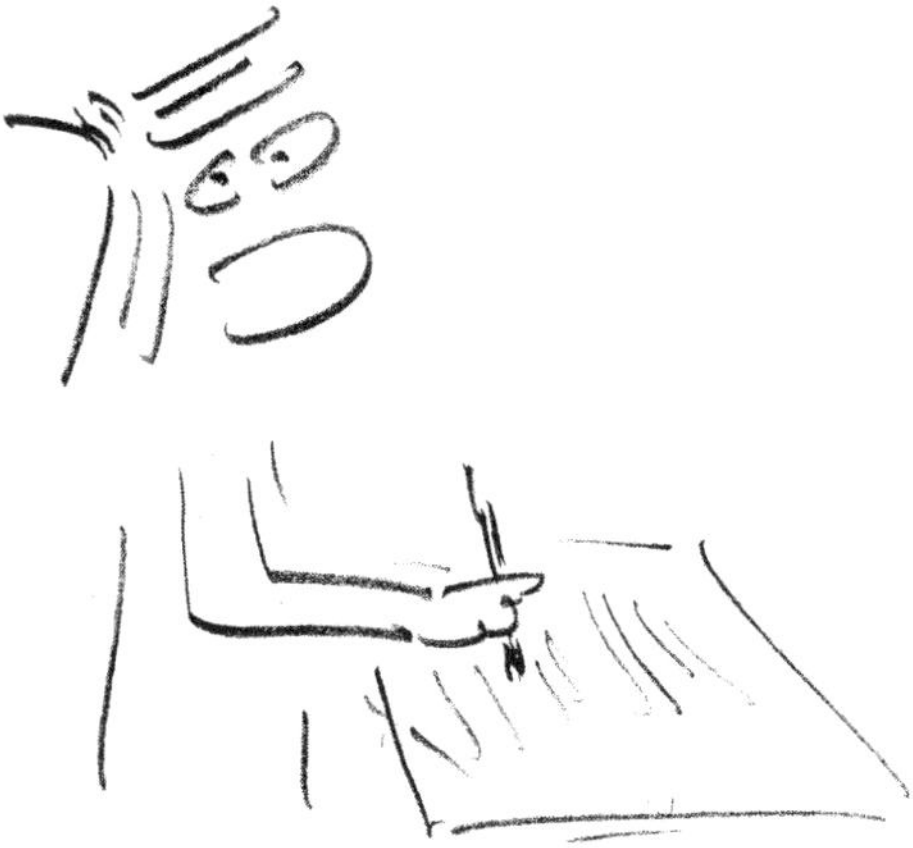

なことですが、ゆっくりでもいいから続けてみましょう。そして、もし完成したら、自分だけに隠しておかないで、新人賞の公募に応募したり、出版社に提案してみてはいかがでしょうか。つてなどなくていきなり原稿を送りつけても、出版社からは、意外と丁寧に感想などもらえることがあったりします。

逆に、特に書きたい本が見つからなかったら、それはそれでかまいません。本など書かなくても、人が書いた本を読んで楽しむこともできますから。

24th week ▸▸ 33rd week

第4章 整理・観察してみる

24th week 自分の中毒症状をよく観察してみましょう

自分はアルコール中毒でもニコチン中毒でもないから、そんなこと関係ないやと思われる方が多いと思います。でも、今週考えたいと思う中毒はもっと広い意味です。それがないと寂しい、それがないと何となく不安だ、それがないと落ち着かない、それがないと時間がつぶせないなど、ないと欲しくなるという気持ちを「中毒」とみなして、自分の中毒を探してみましょうというわけです。

たとえば推理小説が好きで、いつも何かもち歩き、電車の中でも、人を待つときでも、時間があれば続きを読むという人がいるでしょう。そういう人

は、もし出かけるときに一冊もって出ることを忘れると、電車の中で手もちぶさたになってしまい、忘れたことを後悔するではないでしょうか。これは、立派な推理小説中毒です。

また、携帯メールや電子メールの着信を常にチェックし、誰かからメールが届いていると安心できるけれど、しばらく誰からも届かないと落ち着かなくなるという人。そんな人は、メール中毒です。

似たようなパターンはたくさんあるでしょう。毎週発売される漫画雑誌を読まないと気がすまない人、毎月発売される好みの月刊誌を必ず買って読む人などは多いと思います。もっと身近には、朝、朝刊を読まないと気がすまない人、家にいるときはいつもテレビをつけてしまう人、毎朝コーヒーが飲みたくなる人、毎日甘い食べものが欠かせない人などはたくさんいますが、これも中毒ではないでしょうか。

こう考えると、「中毒」と呼んでしまったけれど、実は当たり前のことで、まったく中毒症状のない人なんていないでしょう。誰にとっても何か症状があるのが普通だと思います。普通はこれを「中毒」とは呼ばないで「習慣」と呼び、だから特に気にしないでいるのだと思います。

でも、今週は、自分の中毒を自覚してみましょう。いくつぐらい中毒症状があるのか、それに毎日どれぐらいの時間を割いているのか、それは自分にとってよいことなのかなど、いろいろ考えているうちに、こんな中毒からは抜け出したいとか、こんな新しい中毒を開拓したいとかいう気になるかもしれません。

25th week
自分のボトルネックを探してみましょう

皆さんの中には、暇で困っているという人も稀にはいるかもしれませんが、たいていは何かに追われるようにあわただしく毎日を送っていることでしょう。そして、したいことができないとなげいているのではないでしょうか。したいことができない最も大きい理由、それをここではボトルネックと呼び、あなたにとってのボトルネックは何なのかをよく考えてみましょうというのが今週のレッスン課題です。

遊ぶ資金はあるけれど時間がなくて遊べないという人にとっては、時間がないことがボトルネックでしょう。時間はあるけれど資金がなくて遊べないという人にとっては、資金がないことがボトルネックでしょう。時間も資金もあるけれど遊び方がわからないという人にとっては、遊び方がわからないことがボトルネックでしょう。家族の反対にあってしたいことができないという人にとっては、家族の反対がボトルネックでしょう。

こう考えるとボトルネックなんて簡単に見つかりそうですが、本当にそうでしょうか。

資金がないという人は、節約して懸命に資金を貯めようとしているのに貯まらないのでしょうか。特に努力はしないで、漫然と無駄遣いしているだけなのかもしれません。

時間がないという人は、時間をつくろうと一生懸命に努力をしているけれど時間がないのでしょうか。特に努力をするわけではなく、ただ目の前に現れる仕事を取捨選択しないで漫然とこなしている結果、少ないだけなのかもしれません。

家族の反対にあっているという人は、家族の理解を得ようと努力をしたのにもかかわらず、反対にあっているのでしょうか。その努力を怠っているだけなのかもしれません。
このように考えると、ボトルネックに見えることがらが、本当にボトルネックなのかどうかはよく反省してみる価値があると思います。
もしあなたの目の前の障害が、それを除く努力をしていなかったためにボトルネックとしてあなたの前に立ちはだかっているだけで、その気になって努力しさえすれば取り除ける障害に過ぎないということに気づくことができたなら、今週のレッスンの効果は、十分すぎるぐらいにあったと言ってよいのではないでしょうか。

26th week

あなたが1日のうち何にどれだけ時間を使っているかを測ってみましょう

たいていの人は、時間がない、忙しい、もっと時間がほしいと、慢性的に思っているのではないでしょうか。そこで、なぜ自分の時間がなくなっているかの原因を突き止めるために、自分が何にどれだけ時間を費やしているかをメモして、その分布を見てみましょうというのが今週の課題です。

仕事に追われて忙しく働いているときに、メモを取るのは煩わしいかもしれませんが、たとえば、お手洗いへ立ったときとか、お茶を飲んで一息ついたときとかに、その前の数時間をどのように過ごしたかを思い出して、簡単なメモにしてみるのです。「会議1時間」、「電子メールの読み書き40分」な

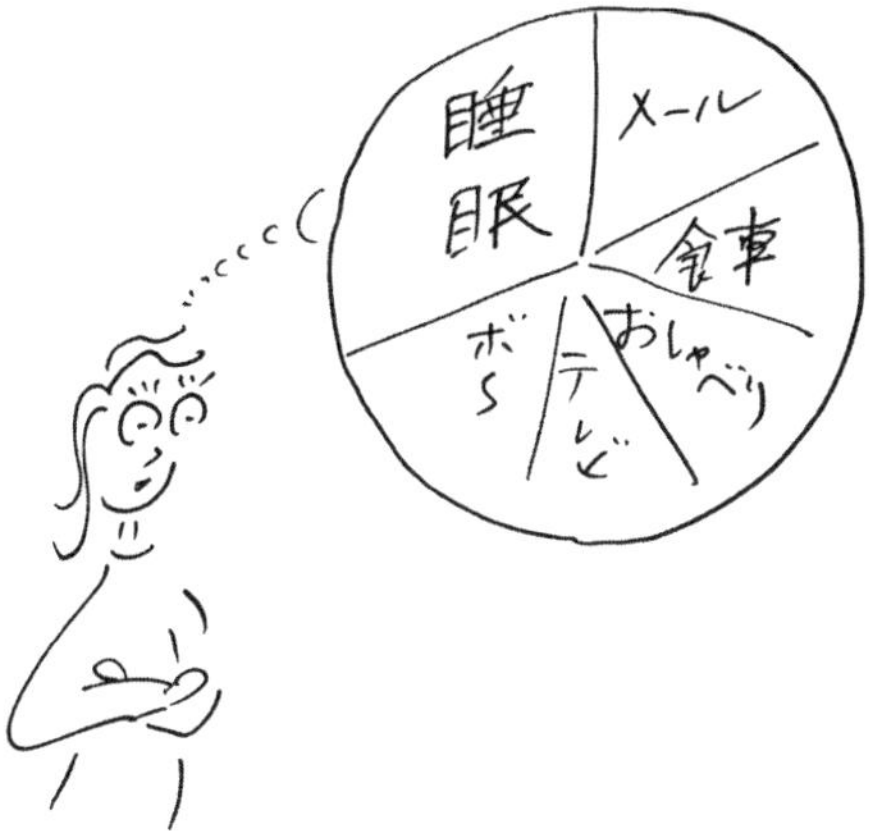

どです。
そのようにして集めた1日、または数日のメモを集計して、何にどれだけ時間を使っているのかを円グラフなどに描いてみましょう。
だいたい自分が思っていた時間の分布と合っていたら、自分のことが客観的に眺められる自分をほめてあげましょう。
でも、ひょっとすると、自分がいつも漠然と思っていた時間の使い方とは違った姿が見えてくるかもしれません。

メールの読み書きにこんなにたくさんの時間を使っていたのかとか、会議の時間を調整するのにこんなにたくさんの時間を使っていたのかとか、気になることがあって何も仕事が手につかない時間がこんなにあったのかとか、いろいろ発見できるかもしれません。

そういうときには、時間の使い方を改善するために、どこに工夫を集中すべきかが見えてくるでしょう。そして、思わぬ時間的余裕がつくれるようになるかもしれません。

27th week テレビのない日を送ってみましょう

たいていの家にはテレビがあります。あなたが朝起きたとき、あるいは夜帰宅したとき、まず行うことの一つが、そのテレビのスイッチを入れることではないでしょうか。今週は、どこかで1日を選んで、その日は朝も夜もテレビのスイッチはいっさい入れないという生活を送ってみましょうというのがレッスン課題です。

テレビのスイッチを入れて好きなチャンネルを選ぶと、自分から何か努力をしなくても、そのチャンネルが提供してくれるレポートやおしゃべりや音楽を楽しむことによって、簡単に時間を過ごすことができます。でも、そのような時間の使い方は、自分の時間をこう過ごしたいと自分から選択して過ごすものではなく、与えられた過ごし方をそのまま受け入れているにすぎません。

ですから逆に、テレビのない1日を送るということは、そのような受身の方法で時間を過ごすのをやめて、自分の時間をどう使うかを自分で決めて1日を過ごすことを意味します。

ひょっとするとあなたは、そんな過ごし方に慣れなくて、テレビがついていないことが寂しかったり、落ち着かなかったりするかもしれません。でも、我慢して、テレビ以外の時間の使い方を自分から選択する努力をしてみましょう。

こう書くと、あなたは、それならラジオを聞いて過ごそうと考えるかもしれません。でも、ラジオもやめましょう。ラジオもテレビと同じように、こちらが努力をしなくても、時間の過ごし方を与えてくれます。それではテレ

ビと同じですから、テレビのスイッチを入れてしまうのと同じことになります。

あるいはあなたは、ＣＤを聞いて過ごそうとか、ビデオを見て過ごそうとか考えるかもしれません。それならまだ、テレビやラジオよりはよいでしょう。なぜなら、与えられた番組を見たり聞いたりするのではなくて、自分から曲や映像を選ぶわけですから。でも、自分で決めるのは選ぶところまでで、選んだ後は、やはり受け身で時間を過ごすことになります。ですから、できたらそれも避けたいですね。

もっと積極的に自分から何かをするとい

う時間の使い方をしてみませんか。たとえば、日記を書いてみるとか、身の周りのものをスケッチしてみるとか、お友達に手紙を書いてみるとか、詩を書いてみるとか、身の周りの不便なものを便利にする発明を考えてみるとか、大事な人へのプレゼントを選んでみるとかです。考え出せばいくらでも時間の過ごし方を見つけることができるでしょう。

そんな過ごし方が快適だと少しでも感じることができれば、今週のレッスン課題は成功です。その快適さを、今週だけに終わらせないで、これからも時々はやってみようではありませんか。

28th week

子どものときに、大人になったら何になりたいと思ったかを思い出してみましょう

小さいときには、「大人になったら何になりたい？」と聞かれる機会が多かったと思います。そのときあなたは何と答えたか覚えていますか。

幼稚園のとき、小学生のとき、中学生のときなど、それぞれの年齢でなりたい人間像があったと思います。それを思い出してみましょうというのが今週の課題です。

どうしても思い出せないという人は、たとえば、卒園文集、卒業文集などを見ると、自分が書いた夢が見つかるのではないでしょうか。

もし、小さい頃につきたいと思った職業に現在つけているなら、あなたは

すでに自分の夢を実現していることになります。

もし、小さい頃の目標を覚えていて、そうなろうと日頃から努力しているのなら、あなたは夢をもち、その夢に向かって進んでいることになります。

もし、小さい頃の目標と、現在進んでいる道とが大きく違っているなら、どうしてそうなったのかを考えてみましょう。

小さい頃の目標はよく覚えているけれど、その後、もっと魅力的な目標が見つかって、そちらへ向きを変えたのかもしれません。小さい頃の目標はいつの間にか忘れていたけれど、今は今で自分の目標があって、昔の目標は思い出の一つになっているだけだと割り切れるかもしれません。

もし、そのいずれでもなくて、いつの間にか昔の目標は忘れていたけれど、どうしてその目標を忘れてしまったのかわからない、もう一度それについて考えてみよう、という気になったのなら、その目標は捨ててもよかったものかどうかを、これを機会によく考えてみてはいかがでしょうか。

29th week
身の周りの植物を何か一つ手にとってよく眺めてみましょう

私たちの身の周りには、植物や植物でつくった加工品がたくさんあります。庭の木の葉、部屋を飾っている観葉植物、食卓の果物、冷蔵庫の中の野菜、木でできた割り箸や机や箱などです。

その中の一つをどれでもいいから手にとって、じっくり見てみましょうというのが今週のレッスン課題です。

たとえば木の葉を手にとって眺めたとしましょう。いろいろなものが見えてくるでしょう。葉の輪郭のギザギザ、葉脈がつくる網目、虫食いの穴、葉のきず、葉の色の部分的な変色、葉の表面の産毛のようなものなどです。と

ても複雑な色や形だと思います。
　大根の切り口、蜜柑の皮、木の机の木目、花の中心のおしべとめしべ、何をとっても同じように複雑です。
　眺めているうちに何かしたくなるかもしれません。スケッチするとか、それをモチーフにちょっと抽象的な絵を描いてみたくなるとか、押し花やドライフラワーをつくるとかです。あるいは食べてみたくなるかもしれません。
　自然界に現れる形の複雑さはフラクタルという構造として理解できるなどという解説を思い出して、フラクタル理論の勉強をしてみようかなと思うかもしれません。もちろん、思ったら勉強してみましょう。

そんな風に何かしたくなることはないかもしれませんが、それはそれでいいと思います。自然がつくった形や色や匂いや手触りや雰囲気や複雑さや不規則さなどに感動できれば、それで十分です。

30th week

生野菜をドレッシングなしで味わってみましょう

食事のときに生野菜のサラダを食べる機会は多いと思います。でも、私たちは、ほとんどいつも、マヨネーズやドレッシングや塩こしょうなどで味をつけてから食べているのではないでしょうか。

今週のレッスン課題は、そのような味つけをいっさいやめて、生野菜をそれだけで食べてみましょうというものです。

サラダにドレッシングをかけて食べると確かにおいしいですから、それなしで食べるところを想像すると、まずいだろうと思われるかもしれません。

でも、想像だけでまずいと結論づけてしまうのではなくて、実際に確かめ

てみることは、悪いことではないと思います。バカバカしいと言わないで、生野菜がもつありのままの味を味わってみましょう。食べてみると、やはりまずいかもしれません。でもそれなら、想像が正しかったことを確かめることができたわけですから、安心できます。

想像だけですまさないで実際にやってみると言うことは、一種の実験です。実験の結果はやってみなければわかりません。ひょっとすると、生野菜が本来もっている微妙ですてきな味を発見できるかもしれません。

31st week
自分の目測能力を試してみましょう

たとえば、建物を見上げて、それが地上何メートルの高さかを推測したり、川岸に立って、対岸までの川幅を推測したりすることを、目測といいます。すなわち、ものさしなどを使わないで、目で見るだけで長さを測ることです。

この目測によって、どれほど本当の長さに近い値を推測できるかを、実際に試してみましょうというのが今週のレッスン課題です。

私たちは、ふだん、ものの長さを測るときには、ものさしを使います。もちろん、窓につるすカーテンや、部屋に備える棚を買うときなどには、正確に寸法を測っておかないと、せっかく買ったものがサイズが合わなくて使えなくなってしまうかもしれませんから、ものさしは欠かせません。

でも、そういうときでも、まずものさしを使わないで窓を眺めて、カーテンの幅と長さはだいたいこのくらいと当たりをつけてみるのです。そして、そのあとでどれほど本当の長さに近いかをものさしを当てながら確かめてみると、どきどきできるでしょう。まるでクイズに挑戦しているような楽しさを味わえるのではないでしょうか。

外を歩いていて売り地を見かけたら、看板をよく見る前に、だいたい何坪ぐらいの土地かを目測したり、焼き芋を買いに行ったとき、百グラムいくらと書いてあるのをみて、買う前に焼き芋1個がいくらぐらいかを目測したりなど、自分にクイズを課す機会はいくらでもあります。

ただ買うより、クイズを楽しみながら買う方が、2倍楽しめるかもしれません。また、こういう習慣をつけていくと、目測能力がだんだんとぎすまされていき、目測することが楽しくなるかもしれません。

32nd week

イヤなことを一つ取り上げ、それが自分にとっていいことかもしれないと思える側面を探してみましょう

毎日が楽しくて、イヤなことなど何もないという人はほとんどいないでしょう。あなたにも少なくとも少しは身の周りにイヤなことがあると思います。今週は、そういうイヤなことの中にも何かいいことがあるかもしれないという気持ちで、そのイヤなことを眺めてみましょうというわけです。

たとえば、毎日の通勤電車が混んでいて、座れないからイヤだと思っているとしたら、座りたいという誘惑に負けないですんでいるから、運動不足にならなくてありがたいと思うことはできないでしょうか。

たとえば、明日までにやらなければならないイヤな作業が残っているとし

たら、明日という締めきりがあるのだから、それを過ぎればこのイヤなことはなくなるはずでありがたいと思うことはできないでしょうか。

たとえば、いつもあなたの行動を批判するイヤな上司がいたら、自分の欠点を教えてくれる親切な上司がいてありがたいと思うことはできないでしょうか。

こじつけでも、へりくつでもかまいません。無理矢理そのように見なそうと思っているうちに、本当にそんな気持ちになるかもしれません。少しでもそんな気持ちが芽生えたら、それを大事にふくらませていったらいかがでしょうか。

33rd week

自力と他力の区別

今週のレッスン課題は、「最近自分がしたことで、自分の努力の及ばないところに運を託してしまったものが、いくつぐらいあったかをチェックしてみましょう」です。

夢には2種類あると思います。

その第一は、その夢の実現に向かって自分自身が努力できる夢です。そしてこれが、このレッスン課題を通して見つけることを目標としている夢です。

一方、もう一つの夢は、実現するか否かは他人任せで、自分はただ待つしかない夢です。これは、この夢レッスンが対象としている夢ではありません。

後者の夢の代表例には、大金が当たることを期待して宝くじや馬券を買うこと、子どもの名前や自分のペンネームを姓名判断という占いに従って決めること、自分を幸せにしてくれる王子様のような人がいつかそのうち目の前に現れるのを待つこと、などがあります。

今週のレッスン課題は、このように、他人に運を任せてしまい、自分では努力することができないということがらを、いくつ選択してしまったかを数えてみましょうというものです。

自分がつくった写真や絵画や詩や小説などの作品をコンテストに応募することは、作品を一生懸命につくるという努力を伴うものですから、これは明らかに、コンテストの入賞という夢の実現に向かって自力で努力できる夢でしょう。ですから、これは第一の夢です。

新製品の発売に際して、その新製品の名前を募集したり、関連キャラクターを募集したりしているのに応募することも、自分のアイデアを出して、他の

人のアイデアと競争することですから、自力で努力のできる第二の夢です。

一方、新製品の発売のタイミングに合わせて、その新製品を抽選で10名様にプレゼントしますなどの募集は、自分ではただ応募できるだけで、そのあとは、当たるのを運に任せるしかありませんから、これは第二の夢です。

上の二つの例は、新製品の発売に際して、発売会社がその新製品の認知度を上げるために広告の一種として行う募集です。でも、一方は、応募者のアイデアを競うという意味で、応募する側の努力が結果に影響します。もう一方は、結果は抽選に任せるわけですから、応募者が何かを競う余地はまったくありません。このように、同じ広告行為の中にも似て非なるものが混在していますので、どれが自力でどれが他力なのかはよく注意して区別する必要があります。

自分のしたことが、自力で努力できる第一の夢なのか、運を他人に任せてしまった第二の夢なのかわからないという人もいるかもしれません。実は、私自身もよくわからなくなることがあります。

たとえば、宝くじを買った人が、早起きして当たりくじがよく出る売店に並んで買ったから、ちゃんと自分でも努力をしていると言われると、私は言葉に詰まります。

また、馬券を買った人が、馬のことを競馬新聞をよく読んでしらべてから買ったのだから、ちゃんと努力をしていると言われると、やはり私は言葉に詰まります。

もっとグレーなのは、投資と言われる行為でしょう。世の中の経済動向を見極めるという努力をしてから投資していると言われると、私にはどちらの夢なのか判断できなくなります。

というわけですから、一つの行為が第一の夢なのか第二の夢なのかということ自体も、実は自明ではなくて、どちらに属すかの判断は、その人の人生観にもよるように思います。今週の課題は、このような自分の人生観を反省してみることも含めて、自分のしたことがどちらの夢に当たるのかを自分で考えて判断しましょうというわけです。このようなことに思いをめぐらそうとすると、自分が何をやっているのかが、今までよりよくわかってくるのではないでしょうか。

34th week ▸▸ 42nd week

第5章

気楽にトライする

34th week

ふだんより少し明るい服装をしてみましょう

あなたはふだんはどんな服装をしていますか。あなたが会社員なら、グレーや紺のダークスーツで通勤することが多いのではないでしょうか。あなたが学生なら、もう少しラフにジーンズのズボンに綿シャツかもしれません。中学生・高校生なら学校が定めた制服かもしれません。主婦なら、家事のしやすいワンピースでしょうか。いずれにしろ、いくつかの組み合せを繰り返して、あなたの服装はだいたいこういうものだと自他ともに認めるパターンをつくり上げているのではないでしょうか。このパターンから少しはみ出してみましょうというのが、今週のレッスン課題です。

明るい服装に変えるといっても、上から下まですべて変えるためには準備もいりますし、時間もお金もかかります。そうではなくて、アクセントになる一部分を明るいものに変えるだけで十分です。たとえば、男性なら、ネクタイを明るいものに変えるとか、女性ならブローチやイヤリングやスカーフを明るく目立つものに変えるとかです。

自分の服装がだいたい決まっていて、周りもそれを知っていると、お互いに安心できます。自分でも、朝、家を出るとき、今日もいつも通りだと思えますし、職場や学校へ着いたとき、周りからも自分がいつも通りだなと見てもらえます。服装がいつも通りなら、行動もいつも通りという意識になりやすいですし、周りからもそう見られがちになります。自分からも周りからも「いつも通り」と見られることによって、保護色の体をもった動物と同じように環境にとけ込み、安心できるのだと思います。

一方、そのあなたの服装を、ふだんのものより少しだけでも明るくしてみるということは、この安全な保護色から飛び出して、目立ってみましょうということを意味します。これには勇気もいるでしょうし、緊張もするでしょう。その感触を意識して味わってみるのです。

ふだんと違って目立つ服装をしていると、環境の中にとけ込んで隠れることはできません。自分がここにいてこんな行動をとっているということが、周りからよく見えてしまいます。自分でも、自分の存在と行動をいっそう意識するようになるでしょう。

その結果、ふだんは勇気がなくてできなかったことをやってみようという気になるかもしれません。そうすると、自信のもてなかったことに自信がもてるようになったり、今まで気がつかなかった自分の新しい側面を見つけることができるかもしれません。

逆に、こんな目立つ存在は、緊張が大きすぎて自分には向かないと感じるかもしれません。それでもかまいません。それも新しい自分の発見です。自分をよく知ることは、自分にとってどんな方向の夢に向かって進むのがよいかを知ることでもありますから。

35th week

身の周りの電気製品を一つ選んで、その取扱説明書を隅から隅まで読んでみましょう

あなたは、いろいろな電気製品を使っていると思います。その中には、部屋の電灯のように、スイッチを入れたり切ったりするだけの単純な使い方をするものもあれば、携帯電話やデジタルカメラのように、いろいろな機能が組み込まれているものもあります。その中で、比較的複雑なものを一つ選んで、それがどのような機能をもっているかをよく調べてみようというのが今週のレッスン課題です。

比較的複雑な電気製品といえば、携帯電話、デジタルカメラのほかにも、ファックス電話、パソコン、ブルーレイディスクなどいろいろあります。私

たちは、普通は、このような製品のもっている機能をすべて理解しているというわけではないでしょう。製品を買ったとき、自分の目的とする使い方をまずは理解しますが、目的の使い方ができるようになると、とりあえずの目的には不自由しなくなりますから、それ以外の機能についてはあまり知ろうとはしないのではないでしょうか。

今週は、時間を見つけて、取扱説明書を1冊全部読み通してみましょう。複雑な製品の場合には、書いてあることが理解できないこともあるかもしれません。そういう場合には、わからないところがあってもかまいませんから、ともかく最後まで読んでみましょう。そうすると、「え、こんな使い方、知らなかった」と、新しい発見があるかもしれません。

これは是非使ってみたいという新しい機能を見つけることができたら、大成功です。その機能をもつ製品を別に買わなくても手に入れたことになるわけですから。たとえば、あなたの携帯電話にタイマーやストップウォッチの機能があることを初めて知ったら、そして、前からタイマーをほしいなと思っていたなら、とても得をした気になるのではないでしょうか。

また、いろいろな機能があることを知っていくと、その製品をつくった人の情熱が伝わってきます。多くの製品では、一つの基本的な機能に対して、できるだけ多くの使い方をしようとしています。ファックス機能があれば、コピー機としても使えるようにしようと考えたり、時計の機能があれば、タイマーや目覚ましとしても使えるようにしようと考えたりするのは、つくる

方にとっては自然なことです。その方が、同じ費用をかけてつくった装置が
より魅力をもち、商品としての価値が高まるわけですから。取扱説明書から、
そのようなつくり手の心意気を読み取る努力をしてみるのも面白いでしょ
う。

36th week

あなた自身のタレント名を密かに決めておきましょう

タレント名とは、小説家ならペンネーム、歌手なら歌手名、画家なら雅号というように、文化活動などをするときに使うための、本名とは別に決めた自分自身のもう一つの名前です。

このタレント名を、将来あなたがあなた自身の作品を世に問うときのために今から決めておきましょうというわけです。

本名は、あなたがご両親からもらった大切な名前です。あなたが生まれたとき、ご両親があなたに託した夢を表現しようとして一生懸命につけたものでしょう。ですから、それはもちろん大事にしなければなりません。

　でも、あなたの本名は、あなたが物心つく前に決まってしまっています。あなた自身の気持ちをそこに盛り込むことはできませんでした。これに対して、タレント名は、あなた自身の夢を託してあなた自身が決めることのできるものです。ですから、本名とはまた違った意味で大切な名前です。

　たとえば、横山大観という日本画家がいます。「横山」は本名ですが、「大観」は画家としてのタレント名です。画家の仕事は、世の中を観察して得た感動を絵に描く文化活動です。そのための世の中の見方を、この「大観」というタレント名は表しているのではないでしょうか。つまり、この画家が、自分はこういう姿勢で作品をつくりますという姿勢をこのタレント名で表明しているのだと思います。

このように、あなた自身がどのような哲学、姿勢をもって作品づくりをするかという決意を表すためにタレント名を使うこともできるでしょう。その他にも、尊敬する人から名前の一部をもらうこともできますし、日頃から座右の銘としているフレーズから字を選ぶこともできるでしょう。そう考えると、タレント名を決めることは、自分の生き方を決めるという意味ももってきます。

このとき、一つだけ注意して頂きたいことがあります。それは、姓名判断に決断をゆだねないということです。夢をはぐくむ第一歩は、自分のことは自分で決めるということです。自分の生き方を表明するための名前選びに、画数は関係ありません。そんなものに拘束されることなく、タレント名は自分で決めましょう。

密かに自分のタレント名をもっと、その名前で活躍する自分の姿が目に浮かぶかもしれません。そうなったらしめたものです。その姿をどんどん心の中で育てましょう。あなたは、すでに夢に向かって走り始めていることになるのです。

37th week

いろいろな習い事教室のパンフレットを眺めてみましょう

たとえば、あなたの住むまちの公民館などでは、カルチャーセンターなどの名前で、いろいろな習い事の教室が開設されているのではないでしょうか。ふだんの生活の中から、週1回とか月1回とかの時間を工面してそこに通えば、一つのテーマに関して、ある程度のことが学べたり、体験できたり、技術が習得できたりするという機会が提供されています。公的なものも、民間が主催するものもあります。今週は、そんな情報を集めて眺めてみましょうというわけです。

情報は、市町村が出している広報、公民館などにおいてあるパンフレット、

新聞広告、インターネット検索などいろいろな方法で得ることができます。

そして、その内容は実に多岐にわたっています。古典文学の講読、歴史の勉強、芸能の鑑賞などの文化・教養に関するもの、点訳、手話、ボランティアなど社会参加に関するもの、英会話などの外国語に関するもの、写真、油絵など芸術的趣味に関するもの、その他にも、料理、健康、パソコン、習字、食べ歩き、旅行などです。

特に、分野や目的を絞らないで、できるだけ広く眺めてみましょう。「あら、こんなものもあるの」と、意外な発見ができるかもしれません。

ふだんは外食ばかりで、もっと食生活を豊かにしたいと思っている人には、料理教室などが魅力的に見えてくるかもしれません。子どもの頃好きだったお絵かきの楽しい感覚を思い出すかもしれません。あるいは、今まで自分とは無縁だと思っていた世界をのぞいてみたくなるかもしれません。

そんな発見があるかもしれませんし、ないかもしれません。でも、無理に何かを見つけようとする必要はありません。ただ、眺めてみるだけでよいのです。もし、あなた自身は気づいていなくてもあなたの心が欲しているものがあれば、パンフレットの方からあなたに話しかけてくるでしょう。

38th week

えーっ、あなたはそういうものがつくれるの、とびっくりされるような秘密の特技を、何か一つ身につけましょう

誰でも趣味をもっているでしょう。写真撮影とか、楽器演奏とか、スポーツとか。でも、その趣味に関することがらで何か特技をもっていても、周りの人は驚きません。あなたの趣味についてふだんから聞かされていますから、その趣味の範囲で何かができても、それは予想できることだからです。

そのような趣味とは別の、周りの人にとっては思いもよらない分野で、いざとなったときに使える特技を密かに身につけておきましょうというのが、今週のレッスン課題です。そして、これはもちろん、何かの機会に周りの人を驚かせるのが目的です。

料理などふだんは全然やらないという人なら、簡単だけどつくり方が想像しにくい一品をつくれるようになっておくというのはいかがでしょうか。たとえば、ぬたとか、ジャガイモもちとかです。ぬたは、イカやわかめやきゅうりなどのありあわせの素材を、味噌と砂糖と酢で和えるだけです。ジャガイモもちは、ジャガイモをゆでてつぶしたところへ片栗粉を混ぜてこね、薄くのばして焼くだけです。どちらも、詳しいことは、料理の本を立ち読みするだけで覚えられるでしょう。

料理ができて当たり前と周りから思われている人なら、カクテルのつくり方を一つ覚えるなどはいかがでしょう。たとえば、ウオッカとオレンジジュースを混ぜると、スクリュードライバーというカクテルになります。ウオッカとトマトジュースを混ぜてレモンを添えると、ブラディメアリーというカクテルになります。どちらも、本屋さんでの立ち読みで十分身につくでしょう。

あなたのふだんのイメージからは想像できないような分野の特技がいいで

しょう。その方が効果的です。いつか人を驚かしてやろうと思うだけで、わくわくするのではないでしょうか。

そして、こんな風にふだんの自分とはかけ離れた分野に密かに進出しようとすることは、自分自身の幅を広げることにもつながります。一つ覚えるだけのつもりが、意外と面白いということを発見して、それにのめりこむかもしれません。そうなったら、人を驚かそうなどという最初のけちな動機は忘れて、それを楽しめばよいでしょう。

39th week

自信のないことに、自信があるふりをしてみましょう

私たちは、何かを頼まれたとき、できると思えば引き受けますが、自分には無理だと感じたら普通はお断りするでしょう。でも、無理だと思っても、無理ではないようなふりをして引き受けてみてはいかがでしょうかというのが、今週の提案です。

私は、自分を振り返ってみて思うのですが、できることをやっているときより、できそうにないことをやらざるを得ない状況に追い込まれて、なりふりかまわずあがいたときの方が、自分が成長することができたと感じています。

たとえば、本を書くときは、自分が書きたい（別の言葉でいうと自分に書ける）本を書いたときより、頼まれてやむをえず書いたときの方が、自分にとって得るものが大きかったと思います。これは、必ずしもすらすらとは書けない内容について、調べたり考えたりすることによって、自分が勉強できたからだと思います。

たとえば、学生の研究指導をするときには、こちらがよくわかっている分野で、こちらからテーマを示して一緒に研究するよりは、学生が自ら発掘してきたテーマについてこちらも付き合って考える方が、勉強になります。

たとえば、同僚から研究グループの代表になってほしいとおだてられて引き受けると、そのグループのために必要な研究予算を獲得するために、自分だけの研究だったら決して書かないだろうという大風呂敷の提案書類をつくる羽目になります。そして、その申請が通ると、いつのまにかそういう研究をする人間だと周りから見られるようになります。

すぐにできないことをやるためには、苦しんだり、迷ったり、間違えたりしながら、何とか道を探さなければなりません。だから、効率は悪いし、格好も悪いのですが、これが、人が進歩するときの姿なのではないでしょうか。

40th week

恥を恐れないで、失敗の可能性のあることをやってみよう

私たちは普通は安全を求めます。危険なことには近づかないようにしているでしょう。何かをやるかやらないかを決断するときにも、安全かどうかが判断の大きな決め手となります。すなわち、失敗しそうなことは、安全ではないと見なして、やらない方の決断をすることが多いのではないでしょうか。

一方、絶対失敗しそうにないことは、安全だとみなして実行する方を選択するのではないでしょうか。

これとは反対の選択をしてみましょうというのが、今週の課題です。

断られそうな相手にデートを申し込むとか、難しそうなコンテストに応募

するとか、断ることもできる人からの頼み事を引き受けるとか、人がいやがる役を買って出るとかです。

ただし、よく言われる「駄目もと（駄目でもともと）」という気持ちでぶつかってみましょうという提案をしているのではありません。そんな風に初めからあきらめた気持ちでは、ほぼ確実に失敗します。そして、そういう失敗は、単なる失敗で、あとにつながりません。

そうではなくて、成功させるつもりで全力で挑戦するのです。

これは勇気のいることです。なぜなら、全力を出したのに失敗した場合には、自分の現在の力がその程度であったということが明らかになるからです。恥ずかしくもあり、ちょっと怖くもあると思います。

でも、それが新しい出発になるのではないでしょうか。自分の実力がどれほどかが明確になるのを恐れて、全力投球を避けていたら、いつまでたってもそれ以上前には進めません。

41st week

今まで手に取ったことのない雑誌を1冊買って読んでみましょう

日本国内で毎月発行される雑誌の種類は膨大な数に及びます。少し大きな本屋さんの雑誌コーナーを見てみると、このことがわかります。そういうコーナーへ立ち寄って、ふだんはあまり気にとめないジャンルから1冊を選んで、買って読んでみましょうというのが今週のレッスン課題です。

雑誌のジャンルは、とても広い範囲に及んでいます。ファッション、料理、旅行、パソコン、投資、文芸、登山、釣り、囲碁・将棋、転職、部屋探し、アダルト系、美術、骨董、スポーツ、音楽、不動産情報、広告、ガーデニングなど、挙げ出したらきりがありません。ジャンル名のリストだけでも、世

の中の縮図となるくらいです。

もちろん、今週のこの課題の目的は、今まで知らなかった新しい世界に出会う機会をつくることです。ですから、自分は絶対に手を出すはずがないと今まで思ってきたジャンルを、なるべく選んでみましょう。

たまたま手に取った雑誌が、あなたに語りかけ、面白そうな未知の世界を教えてくれたら、それは大成功です。その新しい世界との出会いを大切にふくらませていってください。

でも、そんなに簡単に新しくて面白

い世界に出会えるものではありません。雑誌を読んでみても、ふーん、そんな世界もあるのか、という程度に感じるだけという場合が多いと思います。それでかまいません。世の中の人が情熱を傾けている対象は、それぞれ千差万別です。こんな世界に情熱をもてる人もいるんだということを学ぶだけで十分です。

夢をもつきっかけの一つは、何か自分とは違ったサンプルに出会って、自分もそんな風になりたいと思うことです。そのためには、できるだけたくさんのサンプルに出会うことが大切です。未知の雑誌を買ってみるのも、そのためです。ですから、あまり大きな期待をもつのはよしましょう。ただ気楽に買って、気楽にぱらぱらめくってみればそれで十分です。

42nd week

新聞の、ふだんは読まない欄の一つを選んで、それをゆっくり眺めてみましょう

毎朝配達される新聞は、とても内容が豊富です。出勤・登校前の短い時間では、それを全部読むことはとうていできません。普通は、自分がいつも目を通す欄がほぼ決まっていて、そこだけ読み、残りはちらっと眺めるだけですますことが多いのではないでしょうか。

そのようにふだんはちらっと眺めるだけですましている欄のどれかを選んで、それをじっくり読んでみましょうというのが今週のレッスン課題です。

株式市況など見たことないという人は、ページいっぱいに並んでいるあの数字が、いったいどんな意味の数字なのかを、ページの隅の凡例から解読し

てみるというのはいかがでしょうか。

広告の欄は無視するという人は、今週だけは、どんな広告が並んでいるのかをゆっくり眺めてみるというのはいかがでしょうか。

ラジオの番組欄は見ないという人は、今週だけは、ラジオでどんな番組が組まれているのかをゆっくり眺めてみるというのはいかがでしょうか。

その他にも、俳句や短歌の読者投稿欄とそれに対する選者の講評、特別に契約して受信料を払わないと見られない有料チャンネルの番組欄、科学記事など、たくさんのジャンルがあります。

今まで、つまらなそうだとか、自分には関係なさそうだとかいう理由で無視していた欄の中にも、ひょっとすると面白いものが見つかるかもしれません。

43rd week ▸▸ 52nd week

第6章

自らを活性化させる

43rd week

オフタイムのシンボルをつくってみよう

かつてリゾートホテルに泊まったときのことです。朝食にモーニングシャンパンがついてきました。「朝からアルコール？」とちょっぴり後ろめたい気持ちで飲んでみると、起き抜けの体にシャンパンがしみわたり、身も心もホワッと浮揚したような気分。リゾートの朝だという感じがしみじみと広がり、ほんとうにくつろげました。

以来、「よし、今日は本気で休むぞ」という気持ちになった日の朝は、スパークリング・ワイン（ほんとうはシャンパンにしたいところですが）やビールを飲むという悪癖（？）ができてしまいました。朝に飲む発泡性のアルコー

ルが、私にはオフタイムのトリガーとなってしまったようです。謹厳な方は眉をひそめるかもしれませんが、しかし、薬効はあらたか、休日の午前中くらいでその週の疲れが消えてしまいます。

リゾートをほんとうに楽しむには3か月は必要だと言われます。日常から非日常へと心と体を慣らすのに1か月、リゾートを味わい尽くすのに1か月、そして悲しい日常に復帰するための準備に1か月。

リタイアした方ならともかく、普通の社会生活を送っている日本人には3か月も休暇を取れるはずがありません。そこで、プチ・リゾート気分を味わえるテクニック。自分なりのオフタイムのシンボルをつくることです。

なにもアルコールである必要はありません（しつこいですね）。おしゃれなホテルのコーヒーラウンジでカフェオレでもいいじゃないですか。お金をかけずに、公園のお気に入りの一角のベンチでも、オフィスのビルの屋上でもいいでしょう。要は、「これをしたら」あるいは「ここに来たら、しばらくは何もしない、自分のオフタイムが始まる」と決めることです。

長い時間でなくても、けっこうです。5分でも10分でも、積極的に、自分を解き放つこと。いつの間にか力が入っている肩を、ふっとゆるめてあげましょう。夢を追い続けるにもメリハリが必要ですから。

私のパートナーは外から帰ってくると、すぐに風呂にお湯をはり、「ふ〜」と太い息をついて入ります。毎日欠かさず必ず「ふ〜」です。あれは、きっと、とてもお手軽なプチ・リゾートへのトリガーなのでしょうね。

44th week

自分を最高状態に導く手続きを決めましょう

今回は、自分を最高の状態にもち込むためのルール決めです。

私たちはビジネスでも、遊びでも、最高のパフォーマンスを求められることがしばしばあります。たとえば、競合する企画提案のプレゼンテーションとか、草野球9回裏2死同点のバッターボックスとか……。

そんなとき、多くの人は緊張のしすぎによって、ふだんのパフォーマンスを発揮することができなくなります。過度の緊張を克服するためには、精神面でタフネスが求められます。メンタルなタフネス獲得も、フィジカルなトレーニングによく似ています。

筋肉は適度な負荷を与えつづければ、適度に発達しますが、過度に負荷を与えると、筋肉を痛めてしまいます。逆に負荷をかけてやらないと、筋肉はやがて衰えていきます。

精神にもある程度のストレスや刺激は必要です。適度の負荷が強靱で迅速な筋肉を培うように、適度なストレスが強く柔軟な精神を養うのです。そのうえで必要なのが、万一過度な緊張状態に陥った場合に、自分をそこから解放して最高の状態に導くテクニックです。

一流のスポーツ選手は一種独特の流儀をもっています。バッターボックスに入ったときのイチローのユニークなしぐさも、一種自分を最高の状態に高めるための手続きといえるでしょう。

私は高校時代に陸上競技をしていました。スタートラインで、スタート直前に自己暗示で思いっきり筋肉を緊張させ、それからスッと力を抜くというルールを自分に課していました。もちろん筋肉をリラックスさせるための作業でもありましたが、自分の精神状態を最高に引き上げるための手続きでもありました。

私の知り合いの営業マンは大事な契約交渉のときは、必ず赤い下着を身につけていきます。そうすると下腹に力が入り、必勝の迫力をもって交渉に臨めるそうです。

知人の企画マンはプレゼンテーションの前には、決して食事をしません。胃が満たされていると、どこか緊張感が欠けてしまうからだそうです。空腹感をバネにして緊張感を維持すると本人は解説しますが、食事をしないという手続きで自分を最高の状態に導いているように、私には思えます。

過去に自分が「うまくやった！」という状況を思い出してみましょう。どんな服装をしていましたか？　アクセサリーは？　特別なしぐさをしませんでしたか？　そういうことを、自分を最高の状態に導くためのきっかけとしてしまいましょう。

自分を最高に導くステップを意識的につくっておくことは、スポーツでいえばからだの正しいフォームをつくるように、自分の心のフォームをつくることなのです。

45th week
初めの半歩から始める習慣をつける

ものごとを始めるのに、人間には二通りのタイプがあるようです。まず、さっと始められるタイプと始める前に思い悩むタイプです。

私は残念ながら後者で、原稿を書くときなどは特に困ります。どう論旨を進めようか思い悩み、悩んだあげく気分を変えようと、本棚の小説などを読み始めてしまいます（なぜか、そういうときに限って、読むのをやめられないという小説に出会って、楽しい読書と苦しい原稿書きとのジレンマで心が引き裂かれます）。

そんな経験を積み重ねて会得した手法が「初めの半歩」です。ものごとを始めるときに、まずゴールまでの道のりは考えないようにします。つぎに、非常に簡単な部分から着手します。

以前なら、作家よろしく原稿の書き出しに呻吟しましたが、もうそんなことはしません。まずパソコンを起ち上げ、最初の1行を打ち込みます。「1行だけ打ち込んだら、パソコンを閉じる」という気持ちで始めますから、始めることが苦になりません。散歩でもするように、何もこらずに平易に書き始めます。

でも、書き始めると1行で終わるなどということは決してありません。自然に10行や20行は書いてしまいます。そうすれば、しめたもの。意外や我が身はゴールに向けて黙々と進むのです。

物書きに限りません。掃除だって、洗濯だって、面倒な交渉ごとだって、「ゴールまでの遠い道のり」を考えることは、まずやめましょう。一歩を踏み出す必要もありません。とにかく半歩と思うのです。掃除なら掃除機をもってみる。交渉ごとならまず受話器を取り上げてみる――自分をだますようなテクニックですが、ものごとを始める前に思い悩むタイプには、案外有効な方法です。

46th week

複数のシナリオを書く

私たちはいつも状況を解釈しながら生きています。

バレンタイン・デーに思いもしなかった女性からチョコレートをもらった私は、「この人、ほんとうは僕を好きだったんだ」と解釈することでしょう。恋人がそっけなく電話を切ったら、あなたはきっと「ひょっとしたら、彼、心変わりしたのかも」などと考えることでしょう。取引先にどんな有利なオファーをだしても契約してもらえないと「私をきらっているから契約しないに違いない」と思ってしまうこともあります。

状況には、ほんとうはいろいろな面があるはずが、状況を解釈する場合は往々にして自分勝手な見方をしてしまいます。複数の解釈を同時に思いつくことなど、めったにありません。自分流の解釈をどんどん発展させていくのが普通です。

ロールプレイング・ゲームをしてみるとわかってきます。状況に応じてシナリオは複数存在します。「状況には必ず複数の解釈があり、複数の展開のシナリオが書ける」と考える習慣があれば、状況に対してある程度はなれて客観的に見ることができます。自分の思い込みで状況を解釈すると、シナリオは一本調子になりがち。とんでもない袋小路に踏み込みがちです。

チョコレートをプレゼントしてくれた女性は、たまたま買いすぎてしまったチョコレートを無駄にしたくなかっただけかもしれません。あるいは、チョコレートの数が少ない私に同情したのかもしれません。ホワイトデーの日に、お返しの数をライバルに誇りたかったためかもしれません。もちろん、ほんとうに私への好意の表れであった可能性もあります。

そっけなく電話を切った恋人は、実は、家族が近づいてきたのであわてて電話を切ったのかもしれません。昼間、不愉快なことがあって、その感情が尾を引いていたのかもしれません。あるいは、たまたま体調が悪かっただけなのかもしれません。あなた自身の言葉が知らぬ間に、恋人の逆鱗に触れた可能性だって否定しきれません。

なかなか契約してくれない取引先には、別な会社からもっと有利な提案があって、あなたへの義理との間で悩んでいるのかもしれません。あるいは、近々異動になるので契約は次の担当者に任せたかったのかもしれません。

思いつく限りたくさんのシナリオを書いてみること。それが、自分流の解釈に陥ることなく、状況の可能性をいろいろな面からとらえる心の態度を養います。

47th week 自分専用の瞑想室をつくりましょう

あるリゾートホテルに行ったときメディテーション・ルームという部屋があったので、せっかくですからトライしてみました。8畳大の部屋。照明は暗く、部屋にはほの青い光が満ちています。天井は天球のような形で、群青色の中にプラネタリウムの星のように白い光の点がちりばめられ、かすかに、喜多郎風の音楽が流れています。床はふかふかの絨毯。そこに結跏趺坐して、目を閉じると、私はいつの間にかうつらうつらしてしまいました。

もう一つの体験。さるスポーツクラブでフローティング・カプセルにチャレンジしたことがあります。保育器を大きくしたようなカプセルの中に死海の水のような高濃度の食塩水が入っています。そこに裸になって入り、カプセルのふたを閉じると、真っ暗闇。その中で高濃度の食塩水にからだが浮遊します。目を閉じて瞑想すれば、まるで胎内感覚。羊水に浮かんでいるようで、深い解放感に包まれました（機会があったら、一度お試しあれ）。あまりに心地よくて寝てしまいました。

さて、こんな設備にはお金がかかりますが、訓練すればイメージの力で自分に合った瞑想空間をつくることができます。

私はこうしています。目を閉じて、白い扉を思い浮かべます。イメージの中でその扉を開けると、下におりていく階段があります。階段を10、9、8と逆に数えながら10段降りると、また扉があって、それを開くと、前述したリゾートのメディテーション・ルームのような空間があります。そこで、イメージの中の私は目を閉じて瞑想に入ります。

そこに至るまでわずか20秒程度。このような心の手続きを自分で決めておき、何度か繰り返すことによって、スムーズに瞑想に入ることができるようになります。静かなところでイスに座り、呼吸を整え、目を閉じるだけでいいのです。こんな瞑想を1日に1回数分実行してください。

瞑想というと座禅のような無念無想、無我の境地を思い浮かべますが、その境地に至るまではなかなか大変。何も考えないと思うと逆にいろいろな妄想が浮かんで集中できません。むしろ、視線を自分の内側に向けて、自分が何を感じ、何を考えているかを、毎日把握するというくらいの軽い気持ちでいいのです。

1日に1回、自分の内側を見つめているうちに、ストレスが軽くなったり、集中力が高まったりしてきます。そして何よりも自分の夢への思いを毎日チェックすることができ、夢の持続力が高まってきますよ。

48th week

ふだんとは違う歩き方をしてみましょう

父親が剣道をやっていたせいか、子どもの頃から武道に関心がありました。武道の世界で「ナンバ歩き」が注目されています。アテネ・オリンピックの200メートルで銅メダルを獲得した末續慎吾選手が「ナンバ走法」を取り入れたということで話題になりました。

「ナンバ歩き」とは「右足と右手を同時に前に出す歩き方」です。江戸時代までは日本人の普通の歩き方だったようです。明治時代に軍隊式の行進の訓練をするようになってから、日本人の歩き方は、今のような歩き方に変わったと言われます。

急な山道を登るとき、右手を右足の腿に、左手を左足の腿に添えて歩くと楽になります。そういう「難場」の歩き方からナンバ歩きと言われるようです。ですから、ナンバ歩きとは、右手・右足を同時に出す歩き方ではなく、手を振らない歩き方と言った方がいいでしょう。能で腰に手を当ててすり足で歩く。あれが典型的なナンバ歩きです。

この歩き方は、上体をひねらないため、省エネ的で腰に負担がかからないと注目を浴びているのです。しかし、それだけではレッスン課題に取り上げる意味はありません。

実は、1日20分ほどのナンバ歩きを続けていると「能が活性化される。アイデアがわいてくる」、ナンバ歩きを続けている人は右脳・左脳のバランスがいい、という報告があるのです。

ナンバ歩きはつぎのようなやり方で訓練できます。

①両腕を下げ、手のひらを前に向け、踏み出した足と同じ側の腕を肘から曲げて歩く。

②首にタオルをかけ両端を握り、脇を固めて歩く。

③両手を腿に添え、右足が着地するとき右手で右腿を軽く叩き、リズムをとって歩く。

どの方法でもいいのですが、ちょっと奇妙な歩き方ですから、表を歩くのは少々気が引けます。私は、コートのポケットに手を入れて、ポケットの上

から腰に手を当てるようにして歩きます。こうすると、右手・右足を同時に出しても目立ちません。そうして歩いてみると、たしかに腰のあたりの緊張がゆるんで、いい気分になるのはたしかです。

私はときどき「後ろ歩き」という歩きも取り入れています。後ろ歩きをすると、二足歩行に必要な大殿筋と内転筋が刺激され、大殿筋と内転筋が使いやすい状態になり、正しい姿勢で正しい歩行ができるようになります。すると、ヒップがキュッと引き締まり、足がピッと伸びて形よく引き締まり、下半身がすっきりとします。

ふだんとは逆の動作をするため、筋肉のバランスがもどり、弱っている部分の筋肉が強化され、呼吸がゆったり深くなり、血圧も下がって安定すると言います。肩こり・腰痛が治った、体重が落ちたという報告もあります。

夢レッスンとして期待できるのは、ナンバ歩きと同様の脳の活性化です。通常使わない筋肉を意識的に使うため、脳細胞が刺激されるのです。

もちろん、一般道路では危険ですので、スポーツクラブや、公園などでやってください。できるなら、ペアでするのが安全です。私は誰もいないマンションの屋上でやっています。もちろん屋上のフェンスは十分な高さがあるので、万一ぶつかっても安心です。

49th week

脳に旅をさせましょう

本を読んでいたら、面白い研究に出会いました。脳の中に海馬《かいば》という器官がありますが、タクシー運転手の海馬は普通の人より大きくて、しかもタクシー運転手として経験年数が長いほど、海馬が大きいというのです。

海馬というのは、脳の奥深いところにあるタツノオトシゴみたいな形をした器官で、認識したり体験したりしたことを時間的に整理し、記憶をつくり出す機能を司っています。記憶といってもいろんな情報を貯めるのではなくて、記憶するもの・しないもの、要るもの・要らないものをより分けている、いわば情報を仕分けする器官です。

この器官が大きいということは、それだけ情報の仕分けができるということで、記憶力が高まることになります。

では、なぜタクシー運転手の海馬が大きく発達するのでしょう？　その理由は、刺激の多さと空間移動にあると考えられています。

タクシー運転手は、時々刻々違う人と出会い、違う道を運転しています。事故を起こさないように周囲の状況を把握しながら、細心の注意を払って運転します。その刺激の多さといったら、普通の人の比ではありません。

サラリーマンが退職すると急に老け込むとか、高齢者が骨折したりして寝たきりになると、認知症になりやすいといわれます。人間にとって、生活の中で脳への刺激を求めつづけることが大切なのですね。刺激が多ければ、海馬が維持され、それだけ記憶力にとってもいいということです。

脳の研究によると、情報の中で海馬にとってもっとも刺激的な情報は「空間情報」だということです。たとえば、部屋の中心から部屋の端に移動するだけで、その空間情報の変化が海馬への刺激になるそうです。なるほど、タクシー運転手という職業は、空間情報の変化の連続ですね。

さて、タクシー運転手になるためには二種免許が必要ですが、それを取る根性もない私としてはどうしたらいいでしょう？　旅に出ることが手っ取り早そうです。いかがです？　旅に出る口実ができたではないですか。

しかし、私には旅に出る金と時間が……。でも、ご安心ください。都合のいいことに、なんと海馬は空間移動を想像するだけで刺激を受けるのです。書物やインターネットで想像上の旅を脳にさせること、これが私にとって手軽な海馬育成法のようです。

50th week

からだをゆるめて立ってみましょう

ノルディック・スキーの萩原健司・次晴選手は一卵性双生児で、二人とも日本を代表する名選手ですが、同じ遺伝子をもち、同じ環境に育ち、同じようにトレーニングをしてきたのに、成績は違います。

兄の健司選手は2度金メダリストになり、次晴選手は五輪出場1回で終わっています。もちろん運とか精神力とか、成績の違いの原因はいくつかあるでしょうが、大きな差ができたのは、トレーニングの際のイメージの使い方にあったようです。

萩原健司選手が次のようなことを言っています。

「同じ量、質のトレーニングをしても、自分はいつも考えながらからだを動かしている。この筋肉はあの動きのために、この動きはあの技のためにというように。しかし、弟はトレーニングのつらさから逃れるために、別な楽しいことを考える。好きな音楽とか、今日は何を食べようかなとか。体や動きを意識しているかいないかで、同じ量のトレーニングをしても効果が違ってしまったのだろうと思う」

ふだん私たちは、健司選手のように自分のからだの動きを意識することはありません。からだと意識が離れてしまっているようです。でも、自分のからだを意識し始めると、意外な効果が生まれます。

まず、ゆったりと立ってみましょう。あなたは立ち方について意識的に考えたことがありますか？　からだの力を抜いて、体の重さに任せきって立つという感覚で立ってみてください。重さを意識して、肩から下は、重さに任せてぶら下がっているという感覚をつかみます。首から上はそれ自体の重さ

で肩の上に載っているという状態を意識するのです。

頭は天からゆるく吊られている感じにして、足は腰幅にして立ちます。その姿勢のままからだの重さをゆっくりと左、右と交互に足の裏に載せ替えます。ゆらゆらと気持ちよくからだを揺らしながら、からだをゆるめます。すると重心が自然に落ちて、膝が緩んで少し前に出て、腰は引けない程度にやや後ろにずれてきます。横から見るとゆるやかなS字曲線となります。

重さを意識ながらゆらゆらすると、

次に動くための筋肉が意識されます。まさに、からだの動きを意識した萩原健司選手状態です。

重さを意識しながらゆらゆら揺れる気持ちのいい状態を、一日に数分でもお試しあれ。私は、電車の中で何にもつかまらず、この「ゆらゆら」をします。電車の揺れとともに、ゆらゆら。からだをゆるめることが、実に安定していることに気づきますよ。

じっさい「ゆらゆら」をつづけてみると、どうです？　からだがほどけてくるという気持ちになってきませんか？　そして、いつの間にか心の緊張もほどけてくる感じがします。

からだも心もゆるめてやることって、日頃のストレスから自分を解放してあげるためにも大切ですね。

51st week

自分の長所を400字原稿用紙でアピールしてみましょう

就職や転職ではもちろんですが、さまざまな場面で自分をアピールすることは重要です。しかし、改めて自分を見つめてみて、他の人と比べてどこがすぐれているのかと考えると、はたと悩んでしまいます。2、3行くらいしかアピールすることがないように思えてきます。

まずは、47週目のレッスンで提示した自分専用の瞑想室に下りていって、じっくり自分の内面を見てみましょう。いつも明るい、何ごとにも積極的、だれにも寛大……。意外と、たくさん浮かんできて、まとめるのが大変かもしれません。単語の羅列でもいいですから、とにかく、それらを書き留めておきましょう。

つぎに、少し恥ずかしいかもしれませんが、家族や友人があなたの長所をどう考えているか、尋ねてみます。あなたが考えていた長所と一致していますか？　案外、自分では気がつかない点を周囲の人は長所ととらえていることに気づくかもしれません。ついでに、あなたの短所をどう考えているか尋ねておけば、自分を客観的に見直すきっかけとなりますね。

さて、つぎは、自分でリストアップした長所と、周囲の人が指摘した長所を見比べながら、順番をつけてみましょう。2、3点に絞らなければ、400字くらいにまとめることはなかなかできません。就職や転職など面接の場面を思い浮かべて、どうアピールするか考えながら、読み上げてみましょう。いかがですか、説得力のあるアピールができましたか？

さて、夢レッスンらしいアピールの方法をいくつかあげてみます。

400字原稿用紙からはみ出るくらいに大きな字で「いつも目立っている」

と書きます。太いサインペンなどを使うのもいいかもしれません。これなら、目立つ性格であることを意外性をもってアピールできますね。

あるいは、レタリング文字で大きく「デザインセンスがある」と書いてみます。もちろん、紙面全体のデザインを考え、バランスよく書くのです。ストレートにアピールになりますね。

また、原稿用紙全体に色を塗り、その中に白抜き文字で「アイデアがある」と書きます。これも「なるほど」と相手を納得させるに違いありません。

「400字原稿用紙でアピール」と言われたからといって、なにも400字の文章で書く必要はないのです。目的はアピールすることなのですから。ちょっとだましっぽい課題でしたが、どうやったら人とは違うアピールができるかという発想をもつことも大切です。

52nd week

自分の夢をチェックしましょう

「自分の夢をリストアップしなさい」と言われて、夢を50項目もリストアップした友人がいます。まことに夢多き人物ですね。でもこれでは、2兎を追うどころか50兎も追うわけですから、1兎も得られないことは、まず確実でしょう。

以前、小川俊一さんという方と親しくお付き合いさせていただいたことがあります。小川さんは「自分史」という自己表現方法を考案した評論家です。小川さんは、若い頃から自分の目標を毎日カードにイラストで描いています。何十年も毎日描いているのですから膨大な量にはなりますが、確実に自分の目標をチェックし、その変化をとらえることができるとおっしゃっています。

この手法のすばらしさは、目標をビジュアル化しているということです。思考をビジュアル化すると実現可能性が高まることは、よく言われることです。毎日目標をイラスト化するのですから、自分の目標が頭の中にビビッドにインプットされます。小川さんの「自分史」というユニークな自己表現方法は、日々の目標のビジュアル化から生まれたのです。

絵ごころのない私は、自分の夢を確認・チェックする方法として、スローガンにして貼り出しています。といっても、照れくさいので小さなカードをささやかに机の前に貼り出しているのですが。「半年以内に夢レッスンの本を出す」「絶対ベストセラーにする」と言葉にするのです。机に向かえば、いつも目の前にスローガンがあるわけですから、いやでも頭に残ります。

もう一つ、おすすめなのが「宣言」という方法です。家族や親しい友人に「○○をいつまでに達成する」と宣言して、自分に義務づけると同時に、第三者に監視してもらうというチェック方法です。

夢実現の力をいっそう強くするには、目標を確認すること、そして、その中味のチェックが重要です。今はやりの「コーチング」には、そのチェックの方法としてSMARTというやり方がありますので、私はそれを使わせてもらっています。

●その目標は具体的か（Specific）
●どのくらい達成できているかを判定できるか（Measurable）
●実現可能なのか（Achievable）
●非現実な点はないか（Realistic）
●いつまでに達成するのかを決めているか（Time Phased）

この5項目の頭文字をとってSMARTチェックと言うわけです。

目標は、いつの間にか曲がったり、しぼんでいったりしやすいものです。
目標の定期点検は、夢実現に欠かせない作業なのです。

おわりに

夢なんて無理にもつものではないでしょう。夢がないのは嘆かわしいとか、夢がないのは真剣に生きていない証拠だとか言われることもありますが、形だけの夢を無理にもってみても何もいいことはありません。夢とは、何がなんでもこうしたいという止みがたい欲求であり、それに向かって進もうとするエネルギーが体の内側から自然に湧いてくる源泉でもあります。

ですから、夢をもつためには、これを実現したいという欲求が体の内側からエネルギーと一緒に湧き出すまで待つしかありません。これは、意志とか努力とかで得られるものではなくて、巧まずしてあるとき突然始まるのです。恋に落ちるときと同じように。

この本は、共著者である山田健司氏と私が分担して始めた週刊メールマガジン「夢を育むレッスン」の初期の頃の原稿をまとめて加筆・整理したものです。始めたのは２００４年の８月でした。さらにその数年前から「夢工学研究会」の下部組織である「夢教育分科会」で、どうしたら夢をもつことができるかを議論してきましたが、私たち二人もそのメンバーでした。

山田健司氏は、その後、「夢」を中心においた教育の可能性について広く議論を展開されて、多くの新しい企画を進めようとされていました。しかし、急な病のために２００７年４月に他界されました。まだまだ教えていただきたいことがたくさんあったのに、残念でなりません。

本書が、一人でも多くの方が夢をもつきっかけをつくるお手伝いとなり、一人でも多くの方に夢のある日常の楽しさを味わっていただくお手伝いとなることを祈って、筆をおきます。

２０１１年

杉原　厚吉

杉原 厚吉（すぎはら・こうきち）
1948年生まれ。名古屋大学大学院工学研究科情報工学専攻助教授、東京大学大学院情報理工学系研究科数理情報学専攻教授などを経て、09年より明治大学研究・知財戦略機構特任教授、東京大学名誉教授。専門は数理工学。主著に『理科系のための英文作法』（中央公論社）『形と動きの数理』（東京大学出版会）『だまし絵のトリック』（化学同人）『大学教授という仕事』（水曜社）など。

山田 健司（やまだ・けんじ）
1947年生まれ。東京大学在学中から翻訳・執筆等に従事、ベトナム脱走米兵の支援活動でリーダー的役割を果たす。73年卒業、同年広告制作会社㈱プロテック設立。事業企画、地域開発等広範囲に活動、オリベ式住宅工法等多数のアイデアを提案。2001年、夢工学研究会を立ち上げる。2007年病を得て永眠。著書に『マネー激変』（主婦と生活社、共著）『となりに脱走兵がいた時代』（思想の科学社、共著）など。

夢をかなえるレッスン
――新しい自分をみつける52の方法

二〇一一年三月二六日　初版第一刷

著者　杉原 厚吉・山田 健司
発行者　仙道 弘生
発行所　株式会社 水曜社
〒160－0022
東京都新宿区新宿一－一四－一二
電話　〇三－三三五一－八七六八
ファックス　〇三－五三六二－七二七九
www.bookdom.net/suiyosha/
印刷所　大日本印刷 株式会社
制作　株式会社 青丹社

ISBN 978-4-88065-255-9 C0095